社群的
设计与运营

如何打造有温度和归属感的社群

[美] 查尔斯·沃格（Charles Vogl）/ 著　靳婷婷 / 译

华夏出版社
HUAXIA PUBLISHING HOUSE

图书在版编目（CIP）数据

社群的设计与运营：如何打造有温度和归属感的社群／（美）查尔斯·沃格（Charles Vogl）著；靳婷婷译． -- 北京：华夏出版社有限公司，2023.8
书名原文：The Art of Community: Seven Principles for Belonging
ISBN 978-7-5222-0519-9

Ⅰ．①社… Ⅱ．①查… ②靳… Ⅲ．①社会团体—研究 Ⅳ．① C912.22

中国国家版本馆 CIP 数据核字（2023）第 113922 号

北京市版权局著作权登记号：图字 01-2017-2140 号

社群的设计与运营：如何打造有温度和归属感的社群

作　　者 [美] 查尔斯·沃格
译　　者 靳婷婷
策　　划 陶 鹏
责任编辑 张 平 曾 华
特约编辑 李晓娟

出版发行 华夏出版社有限公司
经　　销 新华书店
印　　装 三河市少明印务有限公司
版　　次 2023 年 8 月北京第 1 版
　　　　 2023 年 8 月北京第 1 次印刷
开　　本 710mm×1000mm　1/16 开
印　　张 15
字　　数 181 千字
定　　价 59.00 元

华夏出版社有限公司　　　地址：北京市东直门外香河园北里 4 号　　邮编：100028
　　　　　　　　　　　　网址：www.hxph.com.cn　　　　电话：（010）64618981
若发现本版图书有印装质量问题，请与我社联系调换。

本书有效、实用，给人以启迪，它从当下的视角对有关社群的永恒智慧进行了阐释和迭代。面对困难和不确定性，在领导方面无论你是新人还是老手，只要将这些原则融入自己的事业，你就能建立更有生命力、更有激情、更加融洽的社群。

——艾伦·普莱斯（Alan Price），哈佛商学院全球领导力

倡导论坛创始人,《准备好去领导吗？》作者

本书是一个别出心裁、编写周密的计划，告诉我们如何团结和培育社群。对于那些渴望与人建立紧密联系以及想要建立社群的人来说，这本书不只提供了灵感，也是一本实践指南。

——托马斯·A. 科迪茨（Thomas A.Koditz），

美军准将（退役），杜尔新领导者机构董事，

耶鲁大学管理学院领导者提升项目创始董事，

西点军校领导力中心创始董事,《千钧一发领导力》作者

这本书里处处有帮助我们打造真正社群的丰富智慧和简单工具。我们的使命宣言中虽然有"社群"一词，但在阅读这本书之前，我其实并没有真正懂得这个词的意义。共同的价值观以及彼此之间的关爱是搭建真正社群的基石，而我们往往还没有在这些领域进行深挖，就宣称以人际关系为基础建立了社群。

——杰森·杰伊（Jason Jay）博士，麻省理工学院斯隆管理学院可持续发展倡导项目负责人，《唱诗班之外》作者

这是一本深思熟虑、至关重要的书，它通过明了易懂的事例和具体可行的实践与我们分享了许多洞见。我从中受益匪浅。

——罗伦斯·利维（Lawrence Levy），皮克斯动画工作室前首席财务官，刺柏基金会联合创始人，《孵化皮克斯》作者

查尔斯·沃格的书就像一幅扼要易懂、巧妙聪慧、触手可及的地图，告诉我们该如何打造出联系更加紧密的文化。在美国的教育体制中，关于社群和社会角色的教育已然成了短视的认知与广告学的一部分，在我们的周围造成了很多危害，前所未有的贫富差距和派系文化的猖獗等，都是从中衍生的。这本书带来了一剂我们急需的药方。

——马蒂·克拉斯尼（Marty Krasney），匿名公司执行董事

这是一本打造持久、深入的人际连接的实践指南。孤立、孤独与极端暴力一样，是导致我们周围社会动荡的根源，鉴于此，这本书的重要性不可小觑。

——彼得·布洛克（Peter Block），《完美咨询：咨询顾问的圣经》作者

对于查尔斯·沃格在强大的社群中所创造的魔法，我是有亲身体验的。人们从社群中能够体会到真挚的归属感和彼此联通的感觉。现在，他将这些基本的原则写成书，让更多人能够亲身体验这魔法。在这个大众对沟通和社群充满渴求的社会中，我觉得没有哪本书比《社群的设计与运营》更能触及这么重要的主题了。

——斯考特·谢尔曼（Scott Sherman），"变革行动学院"执行董事

《社群的设计与运营》是一本杰出的说明书，指引我们创造和培育人人需要而又意义深远的社群。随着科学技术的腾飞，我们在现实中日渐淡漠，理解社群和归属感的重要性也因此达到了前所未有的高度。团结而成熟的社群不仅有益于个人，也有益于整个人类。

——乔纳森·诺亚斯（Jonathan Knowles），
欧特克软件公司常驻探索官，"欧特克的想法"系列讲座主持人

如果你身上担负着将家庭、邻居或机构组织在一起的任务，那就先读读这本书吧。在书中，作者查尔斯·沃格让社群的愿景再次鲜活起来，也再次让我们注意到社群关系对人们身心健康的重要性。沃格告诉我们该如何建立更有意义且更加持久的人际连接，以此来代替我们虽然唾手可得却转瞬即逝的情谊。

——迈克尔·欧马利（Michael O'Malley），《每位领导者都是艺术家》
《蜜蜂的智慧》及《善心领导》的作者及合著者

致：穆万戈先生和夫人，
普塔先生、戴维斯先生，
以及赞比亚卢阿普拉省的卢珀什村

在我还未意识到之时，
你们就对我这个
来自异乡、举目无亲、
晚上哭泣入眠的陌生人
表示了欢迎。
希望我能将
你们在改变我的人生时给予我的东西，
给予别人。

| 目　录 |

第一部分　认识社群

第一章　理解社群　// 003

有的社群并不需要正式入会，却让我们觉得自己与它紧密相关。因为这个社群的价值观和定位让人感觉舒服且合适，并且它通过独有的方式帮助成员们解答了三个问题：我是谁？我该如何行动？我有怎样的理念？

第二部分　归属感的七条原则

第二章　界线原则　// 029

界线是一条内部人员和外部人员之间公认的分界。有了界线，内部人员会更加坚信和认同他们拥有共同的价值观，并比外人更了解彼此，同时也能够将外人隔离在外，以更好地维护成员的体验和权益。

第三部分　深层思考

画个大大的圆

再画大一些

让这圆成为我们的歌

再无人孤立

——马克·米勒和戈登·莱特《画个大大的圆》

魅力型连接者和群体智慧

当初，卡斯帕罗夫输给"深蓝"后，提出并实践了"人机合作"的构想，由此诞生了一批"半人马"型选手，他们是人类和人工智能相结合的赛博格（Cyborg），人类棋手会听取那些人工智能提出的走棋建议，偶尔也会否决他们。"半人马"垄断了国际象棋领域，目前，自由式国际象棋比赛的世界冠军是两位业余棋手和八台计算机的"半人马"组合。彼得·蒂尔在 Paypal 和 Plantir 也运用人机合作策略来做商业智能和决策咨询服务，且取得良好成效。王煜全还分享过一个惊悚的故事：美军用脑波设备将多名士兵的大脑联网，以快速检查卫星图片中可疑的建筑物。这些案例告诉我们，凯文·凯利在《技术元素》中提出的"生物的技术化"和"技术的生物化"趋势正在逐步合流，人机合作的"半人马"状态或许是人机合体之前的过渡阶段。"半人马"借助信息化和社群化手段，有效地组合了人工智能和人类群体智能的优点，它远胜过纯粹的人工智能和纯粹的人类群体智能，因而其所提供的策略成为我们首选的优势策略。基于这一判断，我认为不远的未来，人皆为"半人马"，兼顾"人心"与"马力"。"马力"来自我们对信息化工具的掌握，对人工智能的驾驭；"人心"则来自我们对社群化技术的熟悉，对群体智慧的获取。

如何获取群体智慧？最初是工作需要促使我思考这个问题。我的工作是为地方党委、政府运营官方智库，具体说来就两句话——和专家打交道，为领导写报告。最初我和专家进行一对一交流，后来发现，任何一个专家都不足以解决当前遇到的复杂问题，于是我转而搭建智库社群，希望通过推动专家交流来获得更多信息。为了让专家们释放出超越个体的群体智慧，我从自己感兴趣的心理学和信息化知识入手，先阅读，后实践，总结出一条经验：若想获得群体智慧，必须先建立智慧社群；若要建好智慧社群，则必须先成为魅力型连接者（Charismatic Connector）。

人是社会性动物，发展需要"贵人相助"。当代的贵人不是单数，而是复数，他们是丁健（Oliver Ding）的"学习部落"，李颖生（Helen Li）的"个人发展网络"，也是我的"智慧社群"。从智慧社群中获取群体智慧，犹如酿制蜂蜜，你要做蜜蜂，在采蜜的同时，也帮花儿授粉。你将成为连接众人的节点，推动组织内的想法和智慧流通，而你在催生群体智慧的同时，也将集百家之所长。美国麻省理工学院的社会物理学家亚历克斯·彭特兰教授强调："拥有最好想法的人并不是最聪明的人，而是那些最擅长从别人那里获取想法的人。"他将这些人称作"魅力型连接者"。

彭特兰通过大量实验发现，群体智慧的水平与其内部互动频率成正比，魅力型连接者则是推动交互的发动机。阳志平（开智学堂创始人）就是典型的魅力型连接者，他将国内一流的青年学者集聚一堂，创建开智书友会，让好学的年轻人以部落形式组队，加入开智学堂和开智世界，形成互助，为众人提供鲜花盛开的园地。下面就如何成为一名"魅力型连接者"，从而构建智慧社群，获取群体智慧，分享一些我的观点和建议。

魅力型连接者一段·新人指南

如果你是社群新人，那么你要设法讨人喜欢。人们喜欢自己帮助过的人，所以你的主要任务就是让他人帮助你。为此，你要做两件事。

第一，展示自己，让自己看上去像一个值得投资的好项目。

魅力型连接者要好看，要爱美。现在社群成员都是首先在线上认识，关系好了才有可能在线下见面，所以网络形象就是给别人的第一印象，十分关键。个人的昵称、头像、简介和签名就是个人的推销广告，每个细节都会影响你的估值。《设计心理学3》里有句大实话：好看的东西才好用。人也一样。在光环效应下，好看之人方是好人。

第二，请教他人，给他人一个投资自己的机会。

魅力型连接者要好奇，要爱提问题，要善用问题连接一切。提问有两点需要注意：一是提问要适度。问题不宜太过复杂，因为谁也没义务帮你解决超复杂的问题；相反，可以问"笨问题"，聪明人都是从问"笨问题"开始的。二是提问要公开。公开有三个好处：一是给被提问者以社会压力，毕竟在众人面前有问不答，有失面子；二来给回答者以社会激励，毕竟在众人面前表现自己，总是有面子的；三是给有同样困惑的朋友以知识红利，毕竟问了他们不好意思问的问题，给了他们本来得不到的答案，他们得益，你也没损失。

魅力型连接者二段·"老鸟"手册

如果你是社群"老鸟"，那你要懂得"有为才有位"的道理，多做贡献，多帮他人。在这个过程中，大胆连接各种人、事、物。这里也有两件事要提醒：

第一，教学相长，通过分享知识来提升自己。

《礼记》云："学然后知不足，教然后知困。知不足，然后能自反也；知困，然后能自强也。故曰：教学相长也。"你将成为新人们经常请教的老师。独乐乐不如众乐乐，输出，效果大于输入。你要积极输出，主动分享。《百喻经》里有个"愚人集牛乳喻"，说愚人怕牛乳挤出来没地方放会变质，就存在牛肚子里，结果可想而知。古人有"藏之名山，传之其人"的说法，这是稀缺时代的遗迹。当时物资匮乏，大家都养成了"把好东西藏起来，留到最后"的习惯。但如今是知识过剩时代，把知识藏起来，这违背了基本逻辑，最好的结果就是孤芳自赏、锦衣夜行，最差的结果是好点子不分享，隔夜作废。相反，分享就是顺应知识的属性。智力成果保质期短，唯一的好处是可以无限复制和分享。在它腐烂之前，最大程度将其传播出去，与更多人分享，获取反馈，并快速迭代，这才是正道。

你可能会担心所分享的个人成果被人剽窃，不过仔细想想，大可不必。

你把所思所想都告诉他人，他人也未必都能理解；即便理解了，也未必能从中受益；即便受益，也未必就对你有害。相反，他受益就是你投资成功了，而你呢，眼下获得助人之乐，远期获得投资回报。更有意思的是，常有歪打正着的时候——有些东西对你而言价值不大，对他人来说却是宝贝。

20 世纪 20 年代的量子物理学没有宣称过它要达到什么商业目的，却给我们带来了晶体管、激光、纳米技术的认知基础以及其他更多东西。退一万步说，就算真有人剽窃，发表你的想法，那也是帮你布道。只要是通过数字方式发布的东西，互联网时代都有痕迹，诚如舍恩伯格所言："在广泛流行的技术的帮助下，遗忘已经变成了例外，而记忆却成了常态。"将来你若真要夺回首创身份，总能找到证据。你甚至应该多在网上发表文章，积极"占坑"。阳志平深谙此道，经常在互联网上分享心理学领域的最新研究成果，因而成为许多研习者学习时绕不过去的节点。另外，分享还有利于你找到自己的不足。分享之后，若有来自他人的反馈，尤其是批评，即可让你更快找到改进方向。你越成长，就越会感慨于提问者和批评者的价值。因此，要以提问者为师，以批评者为镜。

第二，见贤思齐，利用同侪动力来提高效率。

《论语》说："见贤思齐，见不贤而内自省也。"只要连通社群，"老鸟"就能充电——获得来自社群的新信息和新动力，提高学习效率。

一是新信息。有段子云：读万卷书不如行万里路，行万里路不如阅人无数。学到一定程度之后，个人精力、能力和资源都会遇到瓶颈，必须向他人学习才能更上一层楼。彭特兰甚至认为，对于提升群体智慧而言，群体内和群体间的探索（exploration）和参与（engagement）的最佳比例是

9：1，即花九分时间精力去发现信息组件，花一分时间精力去设计信息组合。一个连接通畅的社群能为你同时提供正面与反面案例，让你通过社会观察的机会来模仿学习。

二是新动力。一方面，要学会化"同侪压力"为"同侪动力"，不要因为其他牛人的碾压而放弃努力。彭特兰指出："平均而言，社会网络激励方法的有效程度几乎是传统的个体激励方法的4倍。对于跟指派的对象互动最多的伙伴而言，社会网络激励的效果几乎是传统的个体激励方法的8倍。"也就是说，他人的关注比金钱更能激励你前进。而且，你与之关系越亲密，激励效果越强。伴侣对你的认可比同事有用，同事给予你的认可比路人有效。另一方面，要向榜样借力。《自控力》一书指出，意志力可以传染。实验发现，一个举着杠铃的人想到自制力强的朋友比想到自制力弱的朋友能举得时间更久。《成功、动机与目标》一书作者借此引出一种"目标感染"的技术。"苦不苦，想想红军两万五"，这么做有效果，也有道理。下次学不动时，想想社群大牛们在做什么、怎么做，你会更有力量。

魅力型连接者三·群主攻略

如果你是社群领袖，正在创建新社群，或正在改造旧社群，希望借此产出群体智慧，那么你必须先问自己两个问题：一是你打算解决什么样的问题，二是你打算建立什么样的社群。

第一，你打算解决什么样的问题。

你可以把问题分为两类，一类是简单问题，即有标准答案的问题；另一类是复杂问题，即没有标准答案的问题。简单问题，参与回答的人越多，越可能获得正确答案。其背后的逻辑是，人群中总有知道正确答案的人，其余人的答案虽有偏差但可相互抵消，最后，群体共识则最近于正确答案。再细分下去，"填数值"请用"均值"，"单选题"请用"多数"。《群体的思维》作者利奥尔·左雷夫上TED演讲时就牵了一头牛上台，让现场观众猜牛的体重，最后众人答案的平均值与牛的实际体重相差无几。复杂问题往往没有绝对的标准答案，解题过程需要专业知识，所以专家智慧强于一般公众的个体智慧和群体智慧，但不如有效组织的社群智慧。简言之，简单问题问大众，复杂问题问专家。

有趣的是预测未来。未来有标准答案，所以专家的表现不如大众。宾夕法尼亚大学的管理心理学教授菲利普·泰特洛克调查了284个以"对政治或经济形势进行评论或建议"谋生的专家，要求他们在各自的专业领域做出预测。从20世纪80年代中期开始，到2003年，他总共积累了82361个预测。两年后，他写了《专家的政治判断》。总体上说，专家的判断不佳，甚至不如"粗略的外推算法"，即看着后视镜向前开车都比他们预测的准。意外的是，大众就是用简单启发式（直觉）来推断未来的，故此经常打败专家。《超级预测者》提出一种更优秀的方法，即找到一批善于预测未来的专家，用一套加权的方法来计算他们对未来某个特定事件发生概率的估值。这是智慧社群的逻辑——群体智慧高于个体智慧，可以这么理解。

第二，你打算建立一个什么样的社群。

系统论认为，系统的功能由要素的结构决定。人，五官相同，布局不同，颜值则不同。社群亦然。社群之为系统，要素就是人，人有规模差异，包括数量差异和质量差异；结构主要是人际关系，由规则决定，包括正式规则和潜规则。以规模和规则为维度，可以将社群粗略分为四类：

第一类社群规模庞大，规则复杂，如开智社群，规模数千人，要学习开智学堂app、github、markdown，最好再改入Mac，并需遵循阳先生的许多教诲。这类社群具备了生成群体智慧的全部条件，其缺点是运维成本高，需要多名魅力型连接者协助群主开展工作。

第二类社群规模庞大，规则简单。如庐客汇，规模上万人，要交年费，每周微信听课即可。这类社群并不智慧，能否产出群体智慧全靠运气，如舍基所言，它追求的是无组织中的组织。这种理想化的模式较难操作，看似不需要魅力型连接者，实际上最需要燃烧你的激情。如果管理不当，这类"自组织"社群很可能退化为"乌合之众"。

第三类社群规模较小，规则复杂。如我带领的温州信息化研究中心团队，由18位各个学科的硕士博士组成，有完善的管理制度，大家平日里在线上交流，定期于线下开会，合作推进研究项目，在规则框架内高频互动，产出群体智慧。这类"小精尖团队"只需一名魅力型连接者即可运作。

第四类社群规模较小，规则简单。这类社群要么处于发展初期，要么处于死亡前夕，应增加规模或规则，向第二、第三类社群演进。显然，这需要魅力型连接者的高度参与。

明确了四类社群后，你可以从自己希望解决的问题出发，从第四类社群起步，边做边完善，逐步升级到第二类或第三类，再向第一类迈进。

关于社群规模和规则，我有一些思考。

第一，在扩大群体规模时，必须坚持专业性、多样性和独立性原则。

　　大脑神经网络是智慧社群的最佳比喻。神经科学家尼克莱利斯（Miguel Nicolelis）发现，脑机接口需要一定数量的神经元来维持运行。他逐个减少连接到脑机接口的神经元数量，发现神经元越少，算法表现越差，减少到10～20个神经元时，算法表现骤降。由此他得出结论，单个神经元不足，少量神经元即可，大量神经元更好。你的智慧社群也要有一定规模来支撑基本热度，确保每个时段都有人参与讨论，不至于冷场。在此基础上，你还要尽可能地扩大社群规模，所谓"多者异也"。所谓大而不倒，智慧社群人数突破一定临界点时，即可达到全知状态，即无论什么问题，都能找到了解相关情况的专家，或者认识这类专家的专家，从而获取线索，支撑进一步的讨论。

　　扩大规模意味着选人。选人有三个原则：一是专业性原则。邀请入群的新人须在特定领域有过硬的专业素养，最好是实践型专家。若是打造程序员社群，就要找大公司的一流程序员。二是多样性原则。海纳百川，要寻找不同时空背景下不同特点的人，以扩大人员覆盖面。一流程序员也要分分类，男的、女的，老的、小的，国内的、国外的，专业的、业余的，五花八门的人都要找。三是独立性原则。寻找有独立精神，能独立思考，会坚持己见，敢批评他人的人。独立性原则可以帮助我们避免群体思维（Group Thinking）、群体极化（Group Polarization）和社会流瀑效应，这三者可以导致群体智慧的坍塌。

　　群体思维是指群组内的成员由于社会压力而形成一种"自欺欺人，强迫性同意，以及与群组价值观和道德观一致"的思维模式。群体极化是指团体成员一开始即有某种偏向，在协商后，人们朝偏向的方向继续移动，最后形成极端的观点。社会流瀑效应则是指，当流瀑发生时，信念和观点从一些人那里传播到另一些人那里，以致许多人不是依靠自己实际所知，而是依靠（自己认为）别人持有什么想法。这很可能是错误的，因为人们不是依靠自己的信息，而是依靠自己所信任的人做出判断。

第二，在优化群体规则时，必须坚持互动性、开放性和包容性原则。

有观点认为，当规模达到一定程度时，系统必须优化规则以实现升级，否则就会崩溃。优化规则比扩大规模更难，也更具可复制性，实现单点突破即可全面推广。人是认知的吝啬鬼，所以群规"少即是多"。刘邦进咸阳，仅约法三章。之后若必须增设规则，则要分步到位，尽量顺应人性，减少阻力。

根据规则的精细化程度，社群可以分为强组织、自组织和弱组织三种模式。弱组织我不推荐，强组织需要较多魅力型连接者参与，自组织看上去很美，做起来很难。自组织这种模式有一个重大缺陷，就是靠大量的失败换取成功，只适用于失败成本较低的行为，而且需要社会网络激励来鼓励更多人次的反复试错，所以很挑环境。在现实中这两个条件都难以满足，所以自组织经常变成无组织。自组织规则简单，难以承载激励魅力型连接者的复杂规则设计，加上社群规模往往很大，造成魅力型连接者"穿针引线"的任务很重，其结果是留不住魅力型连接者。管理者激情燃烧，自组织就见成效，社群趋于火爆，一旦管理者激情耗尽离开，自组织就碎片化，社群则趋于冷寂。

至于规则的设计，需遵循以下原则：

一是互动性原则。规则必须有利于互动，以降低所有成员尤其是连接者的成本，提高所有成员尤其是连接者的收益。以微信群为例，当群规模超过邓巴数（150人）时，陌生关系即出现，群管理员应编制并发布《群友录》，从而降低新人认识老人的成本；同时，群管理员还要做好新人介绍工作，降低老人认识新人的成本。另外，群管理员还要招募社群志愿者，勤用@，做好话题问答组织工作，培养新的魅力型连接者。

二是开放性原则。保持开放，成员可以自由进出，这既为社群带来新鲜血液，也可回击搭便车行为。同时，话题要保持开放性，问答向所有人开放，且鼓励人人参与。

三是包容性原则。"水至清则无鱼，人至察则无徒。"人类的神经网络是一个很稳定的系统，尽管神经元90%的时间都在错误地放电。要用制度化手段去保护每个成员的言论自由，将包容不同意见写进群规。包容性原则的目的是建立容错机制。创造一种让人提出"愚蠢"问题的安全氛围很重要，这会使错误成为社群进步的基石。

彭特兰认为：在社会接触驱动想法流的过程中，起作用的不是人们直接互动的数量，而是与他人的观点和表达的接触量，包括通过对话的直接接触和通过偶尔观察的间接接触。

总之，成为魅力型连接者，构建群体智慧社群，有许多方法和技巧，但我认为真诚永远都是第一位的。不论你现在身处哪个阶段，听从内心、真诚表达，总是能帮助你离智慧和真知更近一些。

倪考梦

温州市决策咨询办公室主任

北京大学中国可持续发展研究中心研究员

温州信息化研究主任、温州民间智库创始人

道当有道

应公司同事、我敬重的著名图书策划人陶鹏邀约，为他策划的《社群的设计与运营》写些什么。对"命题文章"我一向不大适应，而看到标题时，对"社群"一词也觉有些云里雾里。然而承诺总要兑现，于是我翻开查尔斯·沃格的这本著述。

作者开宗明义，旨在打造"社群以及归属感"，并回答"我到底能不能拥有我想要的朋友""世上到底有没有我能融进去的地方"等问题。嗯，这算得上是个哲学命题，但确是你我他都要面对的存在。无论是谁，都有从小到大不同阶段和环境中形成的各类亲朋圈。近几年，功利和非功利的圈子更是成为时尚，而随着互联网和移动通信工具给人们互相联系带来的便利，各种实体和虚拟的群体变得更加丰富多彩。可以说，除了真正的深山闭关修炼者，当今社群属于每个人。

以下是和君总裁班一个学员的感受——

他是某著名上市集团公司的执行总裁，因上和君总裁班，我们相识并成为朋友。他是该期总裁班班委会的一名重要成员，为大家贡献了很多，也受人尊重，且经历了初始的冷漠和陌生后，逐渐成为班里和组里同学非常认可的朋友和自己人。在一次吃饭闲谈时，他感慨道："不知道为什么，我在每一个跟业务无关的组织里都很受欢迎，感觉很好。"他因为身居要职，集团又正经历各种变化，极其忙碌，因此稍微熟悉他的人，都会体谅地减少打搅。但他在那些"跟业务无关"的组织中，却担任了不少职务，真诚努力的付出，也为他带来了身心的享受。

我也想了想自己所在的"社群"，既有工作和业务发展延伸来的，自小到大不同阶段的同学朋友形成的，也有因共同兴趣、和与作者一样因宗教修炼而聚集的。原来，"社群"占据了我们极大部分精力和时间。

作者说："在这本书中，我将社群定义为一个由彼此关心对方福祉的个人组成的群体。有的群体中的成员虽然拥有共同的理念或兴趣、距离较近，或拥有某些共同点，却彼此之间缺少关心，而社群则与之截然不同。"显然，本书讨论的不是那些因劳动合同、股份等"强"关系而形成的群体，而是"软"得多的联系，并且有互相关心和牵挂的特性。而这些无法被"强迫"的关系，对人的归属感等心理需求的满足，以及个人心性的成长有更大的影响。胜任社群核心人物的，则必须领导力出众。由此，社群的存在是基于共同的价值观，社群领袖和成员也要有明确的服务和关怀意识。

显然，前面提到的那位总裁班班委同学，由真心付出、诚意服务（也是"布施")获得了由衷的快乐，这跟他担负重任而忙碌的惯常生活，更是形成了鲜明的对比。

西方文化背景下的作者一定不会停留于"论道"！书中占据篇幅最大的第二部分"归属感的七条原则"，提供了有法可循的要诀。这些要诀也可以说是运营社群的"门道"——这时我才懂了，何以称之为"运营"。

我们在一生中，有意无意进入过很多社群，却大多没有对这些社群的生灭、发展，以及自己的进入和离开等，做过条分缕析的解剖。现今，社群、圈子受到广泛重视，运营社群的这些"门道"原则尤其有意义。

作者提出的原则及其附上的实际案例都很质朴，直截了当，且具备可操作性。显而易见，这些原则对社群的健康发展至关重要。这些原则，有些易于被忽略，有些是自然形成的"潜在规则"，但未曾明确意义及自觉理性运用，更有一些，则是纠正了很多社群未能健康发展所犯的错误。我自己深有体会的，如"界线原则"，合理明确的内外部人员分界，是社群存在的意义，也是交流质量的保证。比如作者提到的"年轻妈妈"交流群，同样有育儿经验的资深保姆、儿童治疗师等，也会影响妈妈们之间才有的交流。可是，如果社群有了明确的成员标准，成了拒人于千里之外的"孤岛"，也难以长久存续。因而给新人开放的交流窗口是一定要存在的，但需要合理划定新人和内部成员的界线，乃至要专门设计新人参观的内容活动等，实在是对领导和管理者的考验。

在当今虚拟社交网络中，我愈发频繁地接到进入各种社群的邀约，继而高频率地进入和退出。在我印象中，大部分社群，除了群名，都没有明确的成员及交流形式与内容的说明，不断"试错"，着实是很糟糕的体验，一定让不少像我一样的人变得越来越心灰意懒……

毕自力

和君商学副总经理

曾任中国呼叫中心与服务外包研究院副院长、

泛媒研究院副院长、香港城市大学市场营销学系讲师等在我的职业生涯中，我一直与科技、财经、政府以及社会改革机构中的领导人一起合作，创造意义深远的变革。我从灵修的传统中汲取了一定程度的养分，帮助这些领导者理解如何建立忠诚的关系、加强自我认知，以及实践共同的价值观。当领导者创造出一个精力充沛而坚定忠诚的社群时，他们也就搭建了坚韧有效的人际关系。而这些关系，会衍生出巨大的变革。这本书就是这项工作的一个延伸。这本书首要（但不是唯一）的意图，是帮助那些想要将人们团结在一起的勇敢之人，打造出使人进步、给人满足感且意义深远的结果。有的时候，这所谓的"结果"指的就是一个能够改变地球未来的社群。但现在，我们暂且放一放这个话题。

在人生很长一段时间里，我一直有一种局外人的感觉，而这，也是我能写这本有关打造社群以及归属感的书的原因。我所说的"局外人"，是指那种怀疑"我到底能不能拥有我想要的朋友"以及"世上到底有没有我能融进去的地方"的人。曾经的我，会因孤单难耐而在黑夜中独自哭泣。二十岁出头的时候，想要寻找一个灵修社群的我，会跟着表妹埃琳一起去位于洛杉矶的年轻时尚的大教堂。礼拜随着现代赞美诗乐队的强拍鼓点拉开帷幕，在那一刻，教堂中的一千多人几乎同时站起身来，双手在空中舞动，并跟着音乐摇摆。礼拜进行到一半，我再也不想假装自己乐在其中了，我喜欢的形式，要比这舒缓沉静很多。于是，我便坐下了。

我至今仍然记得那些对独自坐下的我投来的不满目光。很明显，我不属于这里。多年来，我探寻了许许多多的团体，想要找到一个适合我的、容纳我的群体。

二十五岁那年，我作为美国和平护卫队的成员，远赴赞比亚北部、靠近刚果（金）边境一带。离开家的时候，我向往能够遇到与我憧憬中一样勇敢而敢于冒险的人。村子里的人慷慨欢迎了我的到来，但身处一个有着不同语言和食物的陌生地方，有许多个夜晚，我都忍受着孤独的侵袭。没能融入那个环境其实并不意外，但同时我也记得那些与其他志愿者一起坐在篝火旁的夜晚。在那些时候，不远处经常会摆起一箱箱的啤酒，而身后总有人在乐此不疲地玩着一系列的喝酒游戏。有天晚上，一位我暂且叫作拉尔夫的志愿者对我说："我不相信从不喝醉的人。"我不喝酒，这么说来他是不信任我的。

通过那场谈话以及几个类似的夜晚，我发现，我其实与那些志愿者也格格不入。

离开和平护卫队之后，我搬到了纽约市，依然盼望着能够找到自己可以归属的群体。曼哈顿东区的一位牧师将 C. S. 刘易斯（Clive Staples "Jack" Lewis）的一篇名为《内圈》的演讲的精髓传达给了我。刘易斯写道，我们都想进入私密的圈子，这些群体，要比我们现在所属的群体更私密也更高端。问题不在圈子本身，而在于我们想进入圈子的欲望与期盼，这种欲望会驱使好人做出伤天害理的事情。而这，就是人们尚未意识到的导致不幸福的原因。刘易斯继续解释道，不幸的是，真正进入这些私人圈子时，我们总会发现，还有一个更吸引人且更为私密的圈子在前头。这个规律在被我们打破之前将一直延续下去。而这，就是小圈子的陷阱。

刘易斯的方法是，寻找我们喜欢做的事情并经常去做，然后邀请那些同样喜欢做这些事情的人加入。加入进来的人会创造出一种特殊的关系，让我们逃脱小圈子的陷阱。这种关系，就叫作友情。这个理念给了我启发，如果找不到合适的社群，或许我可以自己创造。当时，我在没有充足技术和资源的情况下做了一个后来变成PBS独立纪录片的项目。另外，我还将遭受一家无视劳工法的公司虐待的酒店服务人员组织了起来。我逐渐明白，建立社群对于这两件事情的成功都是很重要的。

三十多岁的时候，我到耶鲁大学研究生院学习宗教、伦理以及哲学。在那里，我了解了很多传承千年、将遍布全世界的人团结在一起的理念。我了解了犹太人如何在一个敌意满满的帝国里团结一心，了解了再洗礼派如何为了与罗马教堂抗争而付出惨痛的代价，了解了禅宗僧侣时至今日仍然劝阻外人参加他们长期保留下来的秘密仪式，了解了耆那教徒如何在一个充满暴力的世界维系着他们纯粹的同情心，以及环保派修女如何团结一心弘扬围绕我们与地球的关系建立起的新神学。在漫长的岁月中，千千万万的人在充满暴力和杀戮的时期坚守在一起，其中很多人取得了巨大的成果，我们至今仍能见到这些人的子孙后代。即便规模不大，即便遭遇灭顶之灾，这些群体仍能坚守一心，这着实令人鼓舞。能从他们身上学到的东西太多了，这些经验不仅很容易用于世俗的社群中，在灵修社群中也同样适用。

到达耶鲁大学后，我清楚地意识到，这所大学的历史是如此悠久，品牌是如此卓然，以至于许多像我一样的学生会觉得自己永远也不配真正融入这里。我们认定自己只是虚有其表，担心随时会有人让我们原形毕露、打包走人。耶鲁大学中弥漫着孤独和恐惧。秉持刘易斯的箴言，我和当时还是我女朋友、后来成为我妻子的索琦塔每个周五的晚上都会在自家举行晚宴。我们会烹制一顿由好几道菜组成的大餐，同任何来赴宴的人共享食物。

在耶鲁的第一个学期，我经常会感到我们许下了一个愚蠢的承诺。有的客人会在最后一刻临时毁约，有时我做了一大桌菜肴，却只有三个人来赴宴。另外，我还得婉拒周五在校园以及纽约的其他有趣的活动。可是时间一久，事情便发生了变化。由于坚持和努力，我们的晚宴积攒了人气。不过，在宴请了五百多位客人之后，我们俩也筋疲力尽。但我们没有停止晚餐宴请，而是组织了一队志愿者来策划菜谱、烹饪菜肴以及布置环境。阿尔詹自愿管理和担任晚餐协调者，而山姆则会统筹赞助人和客人名单。

在制作晚餐、分享食物以及打扫厨房的过程中，我和很多人建立了最为珍贵的友谊。这些朋友与我一起跨越国界，在我的婚礼现场陪伴在我身旁。当我陷入谷底时，我会打电话给他们，不致独自落泪。而有的时候，他们也会在我的客厅里潸然泪下。现在的我们对于彼此而言，就是我的朋友尼克所说的"凌晨三点的朋友"。我们知道，如果在凌晨三点接到对方打来的电话，我们会询问彼此该如何帮忙，继而采取行动。我们让彼此变得坚强了许多。

在纽黑文度过的第六个年头，我的朋友梅洛带我到耶鲁大学的学生食堂吃午饭。我俩在餐厅北面的一张长桌前坐下，他跟我分享了一个特别的故事。他告诉我，在耶鲁的第一年是他人生中最艰难的一年。他来自菲律宾，美国的文化、新英格兰的气候以及学校的课业已经让他穷于应付了，而他做内科医生的妻子洁斯又不能在康涅狄格州工作。为了勉强度日，她只得在几百公里外工作和居住。第一学期，他母亲的癌症逐渐恶化，他却没钱买机票回马尼拉给母亲一个惊喜。在母亲去世时，他连见面道别或者最后一次说"再见"的机会都没有。像我经常做的那样，他也常在夜里独自饮泣。暑假的时候，在马尼拉的家中，他下定了决心永远不回纽黑文，即便他获得了全额奖学金，即便他是整个耶鲁寥寥无几的菲律宾人中的一位，这些都不重要了。实在太艰难了，他应付不来。

梅洛说："但后来，我想到了邀请我在家共进晚餐的你。我知道，我是有所归属的。我知道，我不是一个人，而这，给了我回到美国的勇气。"他那天邀请我吃午餐的时候，我并不知道，他下个月就要毕业了。而邀我吃饭，是他想让我知道，我改变了他的整个人生。

打造社群看似简单甚至枯燥，却同时也能改变人们的生活。我们不仅仅是在做晚餐，更是在建立提供服务、支持以及疗愈的情谊。

改变，近在眼前

在学习宗教的时候，我有一点认识，就是我们对于社群的体验在二三十年间发生了变化。最近二三十年间，吐露无人可以倾诉、难以启齿的话题的人数比以前翻了3倍。不仅如此，在这段时期，人均社交网络的规模也缩小了 1/3。实际上，表示自己没有知心朋友的人要比有知心朋友的人更多。与上一代人相比，以 30 岁以下人群为首的美国人中，参与正式宗教组织的人已经出现了下降趋势。而这些宗教信仰，往往是社群价值观的基础。根据 2012 年皮尤研究中心（Pew Research Center）的报道："现今，1/5 的美国民众以及 1/3 的 30 岁以下的成年人没有宗教信仰，在皮尤研究中心的调查中，这个比例从未如此之高过。"不仅如此，在这些无信仰的成年人中，大约 3/4（74%）的人在宗教环境中长大，却选择了放弃宗教。最让调查者感到吃惊的是，"与普通民众中的其他成年人相比，这些没有宗教信仰的成年人表示自己归属于有共同信仰的群体的概率较低，认为价值观对于他们来说很重要的概率也较低"。不过，这些数据并不意味着美国人对上帝或灵性的看法有任何改变；相反，绝大多数人仍然表示上帝和灵性是很重要的。

教堂不是唯一逐渐遭到削弱的社会性机构。20 世纪 70 年代，参加某种俱乐部活动的美国人所占的比例几乎达到 2/3，到了 20 世纪 90 年代末，从未参加过任何俱乐部活动的人则占到了将近 2/3。从 1965 年到 1995 年的三十年间，美国人在组织机构（除了宗教组织）中平均投入的时间减少了大约三成。就连人均参加的野餐次数，也在 1975 年到 1999 年间下降了 60%！

对交流与社群的渴望

与之前的人相比，千禧一代对于交流和以价值观为核心的激进主义或许更有热情。他们或许想要抛开上一代人沉重的层级包袱，渴望得到更深

层的交流。千禧一代更喜欢居住在人口稠密而多样的城中村，因为在那里
要比在偏远的郊区更能与人进行密切的社交互动。相比于社交俱乐部，这
些人更容易因某项事业（环保、社交、经济等）而聚集在一起。同时，千
禧一代也希望在自己的社群中产生影响力："相比于上一代人，当今的高中
三年级学生更多表示，对社会有所贡献对他们而言非常重要，并愿意在自
己的社群里担任领导者。"2014 年，为慈善事业捐款的人占到了 84%，这
个数字与研究结果相符。

大家都知道，社会关系对我们的身心健康、寿命以及幸福程度都有着巨
大的积极影响。孤独能够置人于死地。人际关系的质量也很重要，历时 75
年的"成人发展研究"表明，良好的人际关系能够让我们更快乐且更健康。
与不孤单的人相比，在社会上处于孤立状态的人不仅幸福指数较低，较早
感到健康状况变差，寿命也较短。1/5 的美国人表示有孤独感。2010 年的一
份超过 30 万人参与的研究总结说，社会关系不牢靠对健康的损害与酒精相
当！具体来说，"缺少社会关系的危害等于一天抽整整 15 根烟"。

这项研究表明，当今的美国人会在与他们有同样价值观的人里寻找沟
通交流的机会，却很少参与那些提供持久的深层次交流、会员制以及对生
命表示崇敬的仪式化的社群。畅销书作家以及营销大师赛斯·高汀（Seth
Godin）写道，当今，人们对沟通的渴望超过对物质的渴望。他相信，我们
身处一个互相联通的经济体，那些善于与他人沟通的人将会取得成功。

当我们找到至少与我们有一些相似价值观的人的时候，友谊就有机会
开花结果。无关是否共事、是否住在相同街区或是否在遥远的国度当志愿
者。创建社群为友谊提供了一处场所，而友谊又能击败孤独。在有深层联

系的社群里，我们可以在展现软弱一面时，仍然相信自己有所归属。无论将人们团结在一起的动机是什么，我们之中能够与有可能成为孤独新一代的人进行沟通的人，将对这些人的身心健康产生巨大的影响。之所以误打误撞地开启了这段旅途，是因为我迫切想要为自己寻找一个社群。我可以确定地告诉你，能够在这段旅途中继续走下去，是因为我明白让大家认识每个人都有所归属的重要性。能够建立这样的社群的领导者们，我们将一起改变世界。希望这本书能对你有所启发。

查尔斯·沃格

加利福尼亚奥克兰

本书灵感

　　一个阳光明媚的六月天，我和凯文·林（Kevin Lin）一起坐在人流熙攘的旧金山市中心一家墨西哥餐厅。凯文·林是视频游戏平台 Twitch（一个面向视频游戏的实时流媒体视频平台，世界领先的视频游戏直播网站——编者注）的联合创始人兼首席运营官，负责管理一个价值 10 亿美元、每月吸引千万访客的在线游戏品牌。我们一边吃着玉米饼一边喝着冰茶，他向我透露了他的用户量是如何不断飙升的。仅仅三年，他的品牌几乎是在无意之间为热爱视频游戏的用户打造了一块聚集地。

　　凯文很清楚，用户们渴望成为一个能够代表他们的人格、价值观以及共同兴趣的社群中的一员。前不久，这家公司邀请了 1000 名用户成为品牌"合伙人"。这些用户能够得到更多的权限，以特殊的方式与公司合作，并得到更高的曝光率。凯文告诉我，有的用户甚至因为公司的邀请感动得落泪。他知道，这感动与金钱没什么关系，因为这些用户已经表示，他们是愿意免费提供内容的。触动他们的，是一种受人欢迎、被人欣赏的感觉。

谈到视频游戏迷所背负的污名，凯文说，在现实世界中，Twitch 的很多用户都感到被人误解、不受赏识，以及与世隔离。仅凭在 Twitch 上投入的在线时间，这些用户就已经表现出他们是多么感激能够找到彼此。但是，凯文并不知道如何将这个团队转化成一个紧密的社群，他只知道，他应该邀请这些用户来访问和使用网站。实际上，公司中没有一个人知道有什么经过时间考验的原则可以指导他们搭建一个团结而充满生机的社群。不仅如此，Twitch 的领导层也不愿意选择冒险的方式来组织用户，担心这种决策会让现行机制毁于一旦。当时我心中有好多想要立即与凯文分享的理念，帮助他和他的团队更好地服务全球几百万用户，加强大家的团结感。他告诉我，他计划在全球组织更大的现场活动，他想要创造一个更为和谐的全球性社群。

这本书，就是我送给凯文以及所有社群创造者的礼物。这些人打造的空间，让我们了解自己归属何处以及如何融入，从而学会彼此联通、战胜孤寂并丰富人生。简而言之，这本书就是一个在有着孤独、恐惧以及隔离的地方播种友谊与提供支持的工具。在此，祝愿你的社群能够借由成员们渴望体验的所有渠道造福他们。

你也许已经认识到，归属于强大的社群是一件重要的事情。这样的社群能够帮助我们克服大大小小的挑战，更有效地实现目标。当两个或两个以上的人开始对对方的福祉有所牵挂的时候，社群就形成了。如果再有其他人加入这股微小的关爱火苗，那么这股社群之火便会越烧越旺。无论是邻里之间，还是面对巨大挑战的全球激进主义分子及其同仁（甚至是竞争者），都是如此。我对这本书的定位，就是要面向当今和未来线上线下的领导者，帮助他们理解如何将自己的社群打造得更加团结、持久且落地。如果我们成功如愿，那么你的社群至少会在四件事情上实现进步：第一，你的社群能够帮助成员们以他们理想的方式成长，这种成长可以是技术、社交方面的，也可以是人格方面的；第二，你的社群将会让作为团队一员的他们感觉彼此亲密联通、被更好地接纳，且为之自豪和兴奋；第三，你的社群会帮助成员们一起朝向你所憧憬的目标努力；第四，你的社群会让成员们的体验更加有趣。

共同价值观

在这本书中，我们所说的"部落"，是指那些拥有某种共同价值观的人，即便他们来自不同的地方或是尚未产生联系。这些价值观或许会在共同兴趣、共同进行的活动又或是对人生的选择上表现出来。部落里的人希望与他人发生联系，想要被理解他们的人所包围。比如说，世界上很多人都认识到在女孩子身上树立自信心和勇气的重要性，也愿意为此付出行动。即便不通过女童子军组织这样的正式社群，他们仍然是部落的建立者。将部落组织在一起从而创造出社群的人，就是部落的领袖。正在阅读这本书的你很可能就是一位部落领袖。抑或，你虽然已经是部落领袖，但还没有意识到这一点。果真如此，你对于其他人的重要性或许远远大过自己的想象。

建立成熟社群

你的社群或许非常微小，事实上，你的社群可能还没有建立起来。又或者你可能发现，本书中讨论的这些原理，几乎没有一条是你的社群正在使用的。没关系，即便没什么结构可言或对社群运营方式没有进行什么思考的小型非正式社群，本书也能够提供可观的价值。很有可能，这些原理原本存在，只是你还没有开始寻找罢了。你所面对的挑战，很可能是以下两者中的一个。

第一种可能性是，你想要建立或是发展一个社群。社群可以是有着正式成员制度和管理者的正式组织（比如"无国界医生组织"），也可以是因共同价值观和目标而联系在一起的非正式组织（比如"丛林荒野飞行员组织"）。社群的成员可能是一群学生、教师、科技工作者、治疗师、咨询师或是想要与周围的人进行沟通和奉献爱心的其他部落。

第二种可能性是，你认为现有的社群有潜力变得更能凝聚人气或更有成效。现有社群从表面看来或许挺成功，甚至拥有大量的成员、活动以及资金，但是，一些看上去强大而有活力的社群在组织上却大有问题。许多人对自己在做的事情或是发展目标不甚明了，他们不知道该如何让社群的活动变得更加成熟、有效或是令人受益。他们或许不懂得如何通过有意义的方式搭建起新老成员沟通的桥梁，又或者不知道如何挖掘合适的潜在成员，引导他们参与进来。现在，我正在与旧金山一座著名的老教堂进行合作。每到周日，这座教堂里会聚集两千多人参加礼拜。这个社群虽然看起来强大，但我认为，真正的挑战在于如何让更年轻的成员加入进去，并给访客指明一条能与现任成员进行沟通的明确路径。虽然教堂里的活动繁多，但其可持续性堪忧。

如果你并没有遇到以上挑战，那也没关系，因为能从阅读本书中得到的东西还有很多。这本书能够帮助你理解你现在的社群及其领导方式。或许你正置身于某个社群之外，想要理解它，这可能是因为你想要加入，也可能是因为你很确定自己不愿加入。又或者，你是一位尚未意识到自己一直在等待着书中理念的领导者，而这本书，则会让你的努力大放异彩。

打磨社群

最高明的社群建设是一门艺术。建设社群，并没有单一的准则。对你和你的成员适用的方式，不一定具有普适性。你的成就，可以反映你的价值观、优先事项以及成长经历，就像艺术，可以作为基础并加以发展的形式和技能确实存在，但是，复制他人不会创造出真正触动人心的作品。你必须将自己的创意和经验带到作品中才行，同理，你必须精心打磨自己的社群。不过，读完这本书你会发现，在社群建设中有七条人们在数千年间一直使用的核心原则。即便是将自己定义为非正式和无组织的机构，在机构不断成熟的过程中，这些原则都是必定会出现的，无论社群成员能否意识到。

服务成员

想要打造出别人愿意参与和支持的东西，我们必须谨记一条核心原则：

只有通过某种方式帮助成员们在不断变化、相互联通的世界中变得更加成功，社群的运转状况和持久性才能达到最佳。如果你忘了这一点，或更有甚者，你从未理解这一点，那么你的努力就不可能用在正确的地方。我鼓励大家创建的，是能让人们（包括你自己）更强大、更快乐、更充满健康活力的社群。仅是将你所住的街区的人召集在一起，就能达到这个效果。而将全世界千百万人联系在一起，也能达到这个效果。如果我们不能让社群成员为投入时间和精力感到兴奋，那么他们终将离开。

自我意识vs优秀的社群领导力

在进入正题之前，先给大家提个醒。你或许加入过这样的私密团体：在团体里，某个人（或一部分人）认为，自己是这个特殊团队中的一员，因此就有权利沉浸于自己的成就之中，对新来的成员颐指气使。但愿你目睹过这种态度对于互相尊敬的氛围和社群名声的蚕食速度有多快。在第八章里，我们会从细节上对这些"内圈"加以探讨。领导者必须以身作则，让资深成员尊重新成员、服务新成员。做不到这一点，有些人就必定自我意识膨胀。他们会忘记，只有在吸引和支持价值观相同的人群的时候，社群才是最强大的。对新成员的不平等对待会让人们看到，这样的社群不仅自私自利、自我吹捧，而且有可能是个危险的组织。之所以说危险，是因为这个社群不仅不大可能为世界的福祉做出贡献，还极有可能只为自身谋取私利。

最后再提醒一点。你也许拜访或是加入过某个（正式或非正式的）社群，在刚开始的时候，一切都很美好，但后来，你的兴趣渐渐变淡了。或许，是这个社群的运作方式让你无法接受。似乎这个社群不再能帮助你成为理想中的自己，似乎参加社群变成了负担或任务。或许，是这个社群没有将其真正的目标解释清楚。在参与进去时，你本以为可以在目标甲的实现上得到帮助，没想到，这个社群真正关注的却是帮助成员达到目标乙。如果你从一开始就明白这一点，就绝对不会参与进来。有的时候，将人们团结在一起的领导者很容易自认为高人一等。我们应该避免这种想法。要记住，想要长期领导下去，唯有服务于他人。

下面，我们就开始进入有意思的话题吧。

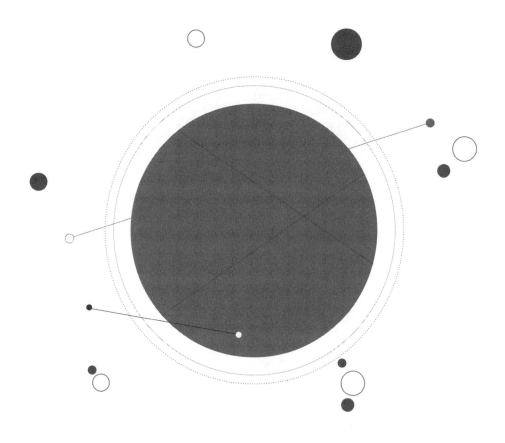

|第一部分|

认识社群

第一章　理解社群

在这本书中，我将社群定义为一个由彼此关心对方福祉的个人组成的群体。有的群体中的成员虽然拥有共同的理念或兴趣、距离较近，或拥有某些共同点，却彼此之间缺少关心，而社群则与之截然不同。这样的群体或许拥有大量的成员，比如现代艺术博物馆、美国医学会，或绿色和平组织，但是，这些成员在人际关系上并没有任何紧密的联系。对此，哈佛大学的政治科学家罗伯特·帕特南（Robert Putnam）一语中的："这些人会支持同一支球队，也有一些共同的兴趣爱好，却对彼此的存在浑然不知。简而言之，他们之间的联系维系于共同的符号、共同的领导者或者共同的理念，但并不维系于彼此身上。"

在看到别人对我们的幸福表示关心时，我们会更加致力于与这些人共建社群，由此感觉到大家的关系更加紧密。在我们的生活中，有的社群并不需要正式入会，我们却觉得自己与其有着紧密的联系。这正是因为我们感知到了彼此的关心，比如和你住在同一条街或是同一间公寓楼里的邻居，业余体育小组的队友，甚至包括你在通勤途中遇到的人。这些社群虽不正式，却是实实在在而有重要意义的群体。

认识一个社群

有一些特征，几乎是所有健康的社群共有的。虽然社群的成熟度和复杂度各不相同，但随着社群的愈发成熟和地位的提高，这些特征很快就能彰显出来。你打造一个社群是否成功，要看你是否能够理解和清晰地表达出以下这些要素：

共同价值观

成员身份

道德规范

内部人士的认识

社群由价值观统一

我们都想成为一个与我们有共同价值观的人群中的一员。穿着、举止、工作、消费习惯是否相似，甚至居住地是否相同，这些都不重要，我们想要别人看重我们所看重的东西（以及轻视我们所不屑的东西）。共同的价值观是将我们吸引到同一个团体中的首要原因。理解了一个团体发展和表达价值观的方法，领导者就能够帮助社群逐渐成熟和成长。

我们之所以找到某个社群，或许是缘于共同参与的活动或共同的兴趣（有共同兴趣的人往往在行为举止上也相似）。而共同参与活动的人，基于这项活动共享一定的价值观。然而，一旦发现共同的价值观不够多，我们就会对这个社群产生疏离的感觉。以奥克兰混合健身中心（CrossFit Oakland，简称CFO）来举例。这是一家健身训练机构，隶属于以特殊高强度健身运动而著称的全球混合健身网络。这一全球网络混合健身公司，是由格雷格·格拉斯曼（Greg Glassman）和劳伦·杰奈（Lauren Jenai）在加州北部创立的。现在，全球隶属于这个网络的健身房超过了13000家，2000年锻炼人数超过了200万。这些健身房以深厚的文化而闻名，打造促进女性与男性一起强身健体的社群，就是其文化主张之一。

CFO是迈克·米尼厄姆（Mike Minium）创建的健身房，位于奥克兰。迈克知道，成员们之所以愿意加入中心，或许是因为健身房提供了高强度而多样化的培训，但他们之所以愿意留下来，是因为感觉自己能够融入群体、受人欢迎。这个社群对于健康、安全、尊重个人成长的重视，远远超出其对于力量、速度以及竞争心理的重视。这一点，在成员们的语言、行动，以及对体能参差不齐的同伴的包容中，都可以看出来。在CFO的网站上，你会看到这样的文字（有删改）：

我们相信，强身健体能够让你在户外玩耍、在室内玩耍、与你的孩子们玩耍、与朋友们玩耍、在度假时玩耍，让你在玩乐中度过人生。

之所以从事这一项事业，是因为我们相信这项事业能够帮助你变得更健美、更强壮、更有活力。

我们相信，这项锻炼能够给你力量，让你在健身房、体育场以及人生中表现更出色。

我们坚信，专注于将资源投入高质量的健身指导以及社区，这是正确的选择。

从事这项事业，是为了让更多的人体验更长久、更健康、更幸福、更精彩的人生。

如果你想要健美的身材却不知从何下手，请让我们为你服务。

如果你想要在运动中有更好的表现（更快、更强、身体更健美），请让我们为你服务。

如果你想要在整体健康和形象上得到实在、具体而持久的改变，请让我们为你服务。

如果你正在寻找高质量的健身指导以及一个相互支持的社群，请让我们为你服务。

在CFO的网站上看到关于信仰和服务的字句，或许会让你感到吃惊。对此，我会在后文中加以讨论。这家健身房的公共用语让我们清楚地看到，他们重视那些更敏捷、更强壮、更健康的成员。同时，他们也重视社群建设、成员健康以及那些"不知从何下手"的人（也就是新人）。从与迈克的谈话以及在CFO健身房的亲身体验中，我发现，这个社群还有一些没有明言的价值观，即尊重那些在身体上需要克服最大挑战的人所付出的努力。这些价值观包含着对安全、耐心、长远的健康的重视，而并不着眼于短期的表现。任何能付得起CFO会费的人都能参与进来，但只有那些接受了明确表达以及没有明言的价值观的人，才能融入并真正感到自己是受欢迎的。CFO之所以是一个社群，是因为成员们不仅仅在一起锻炼，也互相关心。也只有在感觉到CFO对这些价值观的坚守的时候，成员们才会继续留下来。

价值观是通过行动以及语言体现出来的。几乎所有的社群都会在有意或无意间将自己的价值观表达出来，而且往往是有意与无意参半。通过网站、营销材料及正式咨询，外来者可以通过显性的途径认识到社群的价值观。相比之下，隐性途径的能量只高不低。这些途径包括成员们内部谈话交流的内容，共享的东西，欢迎什么样的人，选择将钱投给何人何事。无论显性的价值观是什么样的，隐性的价值观都会向我们揭露真相。

我最爱用的方式，就是找出社群成员将自己"温暖的身体"放在何处。我会看社群成员到底对什么重视到了会用自己的身体去靠近的程度。以CFO来说，领导者和成员将大块时间花在健身房里，亲自迎接新成员，协助新手或是表现不佳的锻炼者进行锻炼，而不只是陪在那些体能好的人身边。成员们将温暖的身体置于什么地方，能让外来者看到他们是否言行一致。你或许见过那些自称重视分享、贡献，以及合作的团体，却发现他们其实是一帮自私自利之人。绝大多数人都能很快认清真相。

在纽约市做纪录片导演的时候，我紧密地融入了一个由支持社会公义的电影制作者组成的社群。这个社群不颁发正式的会员卡，也不搞什么秘密的握手礼仪。我们中的绝大多数人都是好几个电影机构的成员，但这并不是加入这个社群的必要条件。虽然这个社群没有正式的会员制，但我感觉自己是其中的一员，因为我知道，其他的电影制作者关心我的成功和健康，而我对他们也同样关心。我们共同分享器材、制作团队、法律知识、自己的劳动，以及许多来之不易的经验。当一位成员的电影制作伙伴在尼日利亚被绑架后，大家筹钱将他安全赎回，并提供了急需的情感支持。

之所以喜爱这个社群，是因为我们都重视讲述能够为世界带来公正和疗愈的有分量的故事。我们重视的，是将自己的时间和金钱花费在讲述那些或许永远也不会带来积极经济回报的故事上；我们重视的，是在远超我们个人安逸的世界中做出改变。时至今日，我仍因做一名社会改革纪录片制作者而感到自豪。对于领导者来说，理解吸引和保留社群成员的共同价值观是很重要的。为了社群的成功存续，领导者们必须要对这些价值观进行明确分享并以身作则，以便让其他人认识到加入的原因。

随着时间的推移和人们的改变，一个社群的价值观也在不断地进化。与外界相比，你的社群肯定会对某些事情更为关注。你不必在第一天就认识到社群的终极价值观并为之命名。实际上，想要理解你比其他人更为重视的东西是什么，这或许需要一定的时间。不仅如此，随着时间的推移和文化的改变，社群价值观的变化也是势在必行之事。这样，你才能在一个瞬息万变的世界中立足。举例来说，并不是很久之前，种族隔离还是美国的许多社群（比如教会）所重视的事情，虽然这个理念现在在一些地区仍然存在，但自从 20 世纪 50 年代开始，大局已经出现了改变。

如果置价值观于不顾，那么正规化也许能将一个社群毁掉。不难理解，当有人开始努力想要将一个社群正规化或是企业化的时候，人们往往会担心这种本意为社群带来成长的努力是否会让社群毁于一旦。正因为如此，对于吸引成员以及让成员持续融入的显性和隐性两种价值观的认识，才显得如此的重要。想一想，CFO 是如何将关注更好的表现以及相互扶持的社群作为显性价值观，以及如何将关注表现较差的锻炼者的不懈努力作为隐性价值观的。一旦成员们意识到社群领导者忽视了重要的价值观或是引入了不合适的价值观，任何在社群成长上所付出的努力就都必定会打水漂。

尤其是对于营利性公司来说，如果他们只关注成员的创收潜力，却对其认真和忠诚视而不见，就更容易掉进这个陷阱之中。在对一个社群实施正规化或公司化的过程中，让任何核心成员感到被孤立或是被遗忘，都会引发严重的威胁，并最终有可能导致社群支离破碎。

多年以来，我的朋友玛格丽特一直在一家著名的滑雪度假村工作，我们暂且把这家度假村叫作"滑雪谷"吧。她跟我讲述了一家大型度假村经营公司被接手后发生的事情。新来的经营者虽然在营销中凸显了这个度假村的"灵魂"，但是其行为却在侵蚀员工在工作中感受到的归属感、同事友谊以及忠心。我的朋友向我讲述了她和她的同事们以前是如何彼此关照的，她很重视将工作和社交联系在一起，很感恩自己能为改善度假村的运营尽一份力，也很享受这个快乐的工作场所之中弥漫的友好气息。

然而，在新的领导团队到来之后，一切都改变了。接待小屋进口处的欢迎标语被三个新的标牌所代替：狗勿入，酒水勿入，勿用无人机。之前，每个部门都能自己选择节日举行派对进行庆祝，现在，所有的活动都被合并为一，大家只能参加一个亲密感尽失的有 1500 人出席的活动。之前，如果想要讨论如何改善运营，员工们可以直接到管理者的办公室或是在更衣室里聊天探讨，而今，他们却只能从几公里外的管理者那里接收指示。玛格丽特想念那些与大家探讨改善方法的岁月，更过头的是，现在的她连决策制定者的名字都不知道。她在这个社群中所欣赏的价值观已经荡然无存。她说，那些打从心里想要"让世界变得更美好的人"已经全都离职了。以前为了给顾客提供更好的体验而精神饱满地上班的人，现在往往只是"混日子"罢了。我想，无论那些高管想要树立的标准是什么，将一个自觉进步而相互支持的文化摧毁应该不在他们的计划之中。

有的社群或许（在不自知的情况下）拥有不健康的隐性价值观，这是指那种没有服务于成员甚至有碍于彼此沟通和成长的价值观。对此，你或许会在某个社群中有所目睹。我曾经在一家精英教育机构里短暂供职，这个机构有一个隐性的价值观，那就是"轻而易举的成功"。有的人对此很感兴趣，喜欢靠炫技来显摆自己的能力。但是对于许多学生来说，这种价值观让他们感到压抑、恐惧甚至陷入困境。他们不相信自己具备能够与人分享的禀赋。他们还担心，有人会靠找寻他们的漏洞来显示自己能比别人更轻易地得到成功，因此不愿做任何发言。

你可以想象，当学生们惧怕开口说话的时候，沟通交流以及成长该有多难。这个问题非常严重，以至于我所认识的学生只能自己创建社群，好找个避风港躲开同学们的抨击和指责。灵修及宗教社群往往更容易出现排外性隐性价值观的问题。这些社群也许在表面上具有支持欢迎新人的显性价值观，但其使用的语言（以及结成的盟友）往往让人看到，他们关注的是与自己相同、相似以及相符的东西。一般来说，让外来者心生怨怼并且阻止访问者加入互动的，正是关于价值观的分歧还有一捅即破的虚伪。

价值观以及成员身份

由于社群成员拥有共同的价值观，社群能够通过某种方式帮助成员们解答以下三个重要的问题：

我是谁？

我该如何行动？

我有怎样的理念？

我将这些称为成员的身份。这种身份或许无法适用于这个人生活的各个方面，实际上，在旁观者看来，这些价值观和身份或许与此人生活的其他方面格格不入。比如说，有的人或许在某个社群表现得慷慨而和善（比如在教会里，在牌友面前，或在校友会中），但在其他地方却是一个横行霸道的自私之人。这种分化型的人格，你可能见过。

我们需要理解，当一位成员身处一个社群，这个社群的价值观和定位应让人感觉舒服且合适。进一步来说，当社群的成员与其他成员在一起的时候，这些价值观和成员的身份会得到巩固和强化。很显然，那些得到巩固的价值观和身份会对不同人的生活产生截然不同的影响。有的价值观和身份非常有益，而其他则对人毒害不浅。为了方便起见，我在此将那些鼓励成员关爱和充实自己及他人的价值观称为健康价值观，至于这种关爱的定义，越广泛越好。

我们先暂停一下，想一想这个问题：你对你的社群的成员身份作何描述？如果你的回答是，你的社群在任何阶段都没有告诉成员他们是谁、应该做什么，或是应该对事情具有什么样的信仰，那么可能性有两种。第一，你实际上并没有打造一个社群，而只是打造了一个团队。一个团队或许有共同的兴趣和价值观，但只有社群中才存在沟通与交流，能让成员们关心彼此的福祉。第二，你并没有认识到成员的身份。想一想人们为何会找到你的社群，以及想通过参与社群得到些什么。考虑一下，这个人对正式及非正式的成员和领导者有什么样的期待。

假如你拥有一个周末骑行社群，那么，你的成员们对于骑行抱有什么理念吗？他们之所以享受骑车，或许是因为骑车有益于健康，又或者是因为骑车是勇敢而爱冒险的人的运动，也可能是因为骑车是一项有益环保的户外运动。这些理念为你的社群定位提供了一个纲要。你的社群对于好的自行车手的行为举止有没有什么界定？（这通常是通过与自行车手的不良行为对比得来的。）你对于社群成员的自行车手身份有什么认识？你是否无视年龄或技术，对每一个有自行车的人都一律欢迎呢？为环法自行车赛做准备的选手能不能融进你的社群？一个骑山地车的十三岁孩子能融入吗？你或许会说，所有热爱骑行的人都是受欢迎的，你为初学者、自行车手、越野自行车手都专门设置了不同的活动。但是，一位为了监控恐怖分子而对你的团队进行拍摄的骑行警，是否也同样能融入你的社群呢？

这些问题的意义在于帮助你认识到，你的社群中或许存在没有被人识别或没有表现出来的身份。你需要对这些身份进行认真的思考，因为认识不到这些身份会给你带来双重的危害。以下，是我认识的人与我分享的事例，这些事例来自他们所珍视的支持氛围浓厚的社群。

最近，作为康涅狄格州纽黑文历史上第一位女性消防队长的玛丽莎退休了。在漫长的职业生涯中，她负责管理市里最繁忙的消防站以及两支消防队。在那些年里，她从失事汽车中救过人，面对过真枪实弹，当然也救援过火灾。她非常肯定地告诉我，她拥有一个由消防队员组成的社群，无论在任何时间、任何气候、任何紧急事件下都会响应她的指挥。这些人知道，她对这个社群也会给予同样的付出。接着，她为我们描述了对自己的消防队员社群的定位：

玛丽莎的消防队员社群

价值观

对于挽救生命保持高度警惕，愿意承担高风险。

拥抱现有的生活。

数年的训练，就是为了帮别人应对人生中最不幸的某一天。

对地点和环境进行深刻了解，以做好准备迎接紧急事件（"火灾前的预案"）。

身份

我是谁：在遭遇不幸的时候，我是化解问题的人。在糟糕的情况下，由我来守护平安。

我该如何行动：无论情况有多么糟糕或不可控，我都会前往救援。无论遇到什么意外情况，我都会充满自信、把控局势。

我的理念是什么：我相信生命是脆弱的。我相信我们的生活可能在瞬间面目全非。我相信，为了挽救别人的生命而拿自己的生命冒险是值得的。

亚当是旧金山湾区的一位行政总厨，他不仅负责专业厨房，还为餐厅老板提供咨询服务。另外，他还正在创建一家全美性的食品公司。他拥有一个由行政总厨组成的社群，大家在遇到大型活动和物流问题时会相互帮助，也会聚在一起大快朵颐、共同庆祝。以下，是他对他的行政总厨社群定位的表述：

亚当的行政总厨社群

价值观

为打造美食而进行长时间的工作。

创造新鲜的美食体验。

尊敬那些能够制作美食的人。

身份

我是谁：我是烹饪方法方面的权威，负责每次将几千盘菜品打造得精美可口。

我该如何行动：我进行新食品的研究，探索其口味及原料。我会寻找更好的方法来解决烹饪上遇到的难题、改良菜品，并在其他主厨需要时提供帮助。

我的理念是什么：为人们提供食物是一件重要的事情，值得花时间去将这件事做好。食物不仅让人兴奋，也能让人们的生活变得更美好。

莎拉是一位电影导演和制片人。十多年来，她的工作足迹遍布纽约和旧金山，所涉及的项目在电视联播网以及全美PBS台播出，还周游世界参加各种电影节。她是一个纪录片社群中的一员，这个社群中的成员不仅共享器材和人生，还会相互帮助，以面对多变的传媒融资环境和法律环境。她是这样描述她的电影人社群的：

莎拉的电影人社群

价值观

理解对方的观点。

摒弃陈规和偏见。

无论让人感到多么难以接受，依然要传播真相。

让人们对那些不为人知或是被人误解的人和理念产生共鸣。

身份

我是谁：我是一个希望传播人们真正的独特之处并营造共鸣的讲故事的人。

我该如何行动：我会寻找那些有着不为人知的或是遭到误传的故事的人，将那些故事分享给大家，以推进人们了解这个世界。

我的理念是什么：我相信，人人都有属于自己的声音，但并非每个人都拥有将其传播出去的工具。我相信，我的职责就是让更多的声音被听到。我相信，通过有渲染力的视觉途径分享事实，能够对人们的生活产生巨大的影响。

想要培养一个紧密团结的社群，至少对你个人来说，清晰表达社群的核心价值观是非常必要的。你不用一一表达你所有的价值观，只选最为重要的就行：即那些将社群成员联系在一起的纽带。那些想要成为成员能够发挥作用的人，必须与社群拥有某些共同价值观才行。如果不重视烹饪，或是不重视烹饪质量，你能否成为一个相互扶持的主厨社群中的有效成员呢？

拥有核心价值观，我们才能有用来为社群衡量各种选项的原则。"这个决策能不能帮助我们加强核心价值观的建设呢？"这是我们可以提出的问题。的确，并非所有要素的发展都牵扯到价值观，但是若不如此，我们就越来越难判断新的理念和选择的发展走向是否能够服务成员、巩固社群。

举例来说，凯文的在线游戏社群的规模增长大大超乎了他的想象。他本来预期可能会有几百人愿意参与进来，谁知现在参与的人数已经达到了几千万。如果想要巩固社群又不破坏社群，让社群像现在这样顺利发展，他不知道，领导层该如何投入资源，什么才是最好的选择。对此我也拿不定主意，我毕竟不是这个社群的一员。但我知道的是，社群对于能够支持其核心价值观的投资是会欣赏的。

这个社群应该重视也的确重视的东西有很多，其中包括：

业绩

提高游戏技能

认识新科技

影响游戏研发

让玩家一争高下

沟通

与其他玩家沟通交流

与来自同一个地方的或线上的用户结交朋友

娱乐

寻找花费不多的娱乐方式

自尊心

让人们对网络游戏玩家的看法有所改善

在全球竞技游戏社群中提高地位

凯文需要做的第一件事，就是与这个社群的成员进行交谈。通过对话，他将更清楚地认识到成员们所重视的价值观是什么。这个特殊的社群具备一定的历史和规模，现在已经出现了子社群，而这些子社群成员的价值观或许存在一定的差异。

凯文的第一步应该是透彻理解、清晰表述他想要巩固的核心价值观，这其中的原因，希望大家都能明白。比如说，如果凯文的第一步只是打造一套帮助玩家提升技能的课程，而社群的真正核心价值观是把玩家们联系起来，那么这笔投资不仅有可能是竹篮打水一场空，甚至可能适得其反。相反，如果凯文为了促进沟通而将投资用于打造社交功能，玩家们的目的却是从专家那里得到技术的进步，那么这些新的功能就有可能让人觉得浪费、碍眼或是格格不入。

如果你不理解价值观是什么，可能就不知道需要你的成员是哪类人。你甚至可能找到那些价值观和理念与你大相径庭的人。如果你的目的是吸引更多与社群现有价值观相符的人，从而壮大现有团队，那么以上做法就毫无意义。我曾经和一位开办武术学校的企业家聊天，他说，武术学校之所以容易失败，是因为导师们认为学员重视的是打斗、自卫、自律。但实际上，很多武术学校的学生所注重的，只是通过一种有趣的方式强身健体罢了。他们只是临时的运动员，而不是斗士。

你可能会期望或要求成员们做出与其价值观相悖的事情。一些人为正规化所付出的努力之所以适得其反地毁了社群，就是犯了这个错误。如果成员们觉得这些努力与自己的价值观和身份相符，便会充满热情地适应这些新加的条条框框。反之，你就有可能面对与你的核心成员疏离的危险。我认识一位培训总监，他会催促领导力志愿者培训师将几个小时的教材压缩到几分钟讲完。他所重视的，是将课程材料快速讲完。但相较于此，培训师和学生们对于互动式学习却要重视得多。不到几天的时间，所有的培训师和参与者都弃课离开了。

在接纳共同价值观之前，人们往往先要在行为上做到一致。当我们理解了核心价值观和共同价值观与行为之间的关系，就能清楚地看到区分核心价值观和共同价值观的重要性了。访问者在考虑参与之前应当先理解团队的核心价值观，但并不一定要接受团队的所有共同价值观。

对于一个飞速发展的社群而言，有意参与的成员在真正加入之前应当先参与社群的活动，这一点非常关键。在正式加入之前，有的访客可能只有泛泛的兴趣，有的则想先体验一下。很多灵修和宗教社群对这个理念都存在误解。无论哪种程度参与都必须先接受一大堆改变生活的价值观的社群，是很少有人愿意加入的。必须先信奉五项关于自行车如何改变生活方式的价值观（比如说，自行车可以改变饮食、拉伸、外出方式等的价值观）才能加入的自行车俱乐部，你能想象吗？换一种方式来讲，有些社群的成员虽然很早就产生兴趣，但做出行动往往才是第一步，而对于价值观的接受，则可能会随着体验而来。

虽然社群的一些价值观处于核心地位且不可或缺，但另一些价值观则是成员们原本就共有的。如果有意向加入的人通过参与发现自己对核心价值观持不认可的态度，就会自行离开社群（实际上，如果核心价值观在一开始就清楚说明，某些有意向加入的人或许根本不会参与）。给新成员足够的时间和自由度来接受价值观，这一点很重要。住在康涅狄格州的纽黑文时，我曾经组织过一个冥想祷告团队。在创立团队的时候，我认为成员们对于上帝的性质是否有特定的理解，是否与上帝保持一种特殊关系，甚至是否相信上帝的存在，这些都不重要。我只是想将所有有兴趣的人召集起来，加入我们的探讨和冥想祷告。

有一位非常乐意成为祷告团队一员的参与者，但是我们很快就发现，相较于神学，他对哲学的兴趣更浓厚。他拒绝接受上帝的存在，这让我们无法从任何层面探讨对于上帝的理解。因此我必须将这支团队的核心价值观确立出来——什么样的价值观才能让我们为召集来的成员营造一个安全的空间呢？成员们重视广义上的冥想祷告，并认为这能够充实他们的人生，这些固然重要，但是，能够分享和聆听大家通过感知上帝而产生的想法，这一点同样不可小觑。

对于我来说，限制入会的想法让我很矛盾。但考虑到自己想要创造的社群时，我必须认识到，其中的一个核心价值观，就是在他人分享关于上帝的思考时给予尊敬和重视。至于别人是否持有与我对上帝同样的看法，这并不重要。如果我能够将这个核心价值观在一开始就传达出去，那么我的这位朋友也就能早点意识到，这个社群不适合他。或者，他可能会通过参与社群而了解到，我们的核心价值观最终会衍生出关于神学的讨论（即行为），如果他的价值观因此有所改变，便可以选择正式加入。或许，亲眼看到我们投身于冥想祷告之中，会让他的心中萌生出新的兴趣。

我忽视了两件事情：第一，没有清楚认识到团队的核心价值观；第二，我没有建立两个不同的圈子，一个供外来访客参与，一个为内部成员提供安全的共享空间。举例来说，消防队员在消防站共同生活和工作了一年之后，他们学会带着敬重之心珍惜队友们的信任和付出，另外也学会了在工作之外支持队友们面对的生活挑战。这样的价值观，能让他们成为更好的消防员。高级餐厅的厨师通常要在高水准的厨房中度过一年的时间，才能认识到花时间把菜做好以及将原料用到极致的重要性。交响乐团的乐手们重视音乐在其生命中的地位，在交响乐团有过表演经验的乐手，能意识到在准备时同步呼吸的重要性。他们认识到营造出磁性音质的重要性，而不再将关注点放在如何成为杰出的音乐家上。

这件事给我们的重要经验是，只有在有意加入的人有途径与现有成员进行同样的行为（也就是参与）之后，我们才能要求他们接受我们的理念（无论这理念多么微小或多么宏伟）。理解这一点，我们才能找到一种方法，让我们一方面尊重社群的价值观，另一方面也明白新来者或许需要一定的时间才能完全融入。

社群和道德规范

社群要提供成员应该以何种行为及何种态度对待他人的道德规范。这个规范或许不涉及道德的方方面面，但一定要涵盖与社群核心价值观相关的领域。这些道德标准或许没有被标明，很少被讨论，或尚未被认识到。但是，如果你能提出下列问题，这些道德标准便会清晰地显现出来：

我们要保护什么人或什么事？

哪些东西是不可容忍的？

我们与人共享的东西是什么？

我们与谁共享这些东西？

我们尊敬的人是谁？

我们如何将尊敬表现出来？

想到那些支离破碎或是摇摇欲坠的社群，你可能会联想起那些与社群价值观和道德规范相悖的活动，无论这价值观或道德规范有没有被清晰地表述出来。举例来说，天主教教堂虐待儿童事件的曝光，就使得人们对于教堂的敬重大打折扣。这不仅是因为孩子受虐事件本身，还因为犯罪者明显受到了包庇，受害人的应有权利惨遭无视。这与教堂所标榜的为所有教会成员服务以及尊重正义的价值观南辕北辙。

如果你的团体一起做过事情，或是支持成员参加过活动，那么我们就可以说，这个社群肯定有其提倡的道德规范。比如说，即便是在一个自行车团队中，也有区分讲道德的骑行者（也就是我们！）与不讲道德的骑行者（别人！）的道德规范。道德规范的严格程度，根据社群的不同而不同。许多领导者并没有意识到他们的社群中存在着道德规范，因为这听起来太过严苛。但是，即便是暴力犯罪团伙也有关于行为的道德规范。这些规范影响着成员对彼此、对领导者以及对社群里其他重要成员的尊敬。违反这些规范的成员，面临着被驱出团体甚至更严重的处罚。作为一名领导者，或许你从不需要为社群编写行为准则（也就是道德规范），但是，将道德规范清晰表述出来是终将要做的。不要害怕。强大社群的界定，正是由这些标准来完成的。只要这些规范能反映出人们对你的社群所共有的价值观，成员们就会报以热情。社群理应提供与其价值观相符的道德规范。

社群和内部人士的认识

成为社群成员的一大乐趣，就是我们无须再做自我解释了。我们希望无须解释自己，就能被人认识、受人理解。有了这种基本的理解，我们在社群中会感到更自在和更安全。我们的一部分自信心来自客观或是"外界"的理解，这也是内部人士理解外部世界的方式。在外面的世界，我们或许不太确定自己的价值观能否被理解和接受。我们不愿意花时间解释术语或是重述我们所处领域的历史和基本信息，而是想要聚在一起，分享我们的价值观和技能。

前不久，我的朋友卡丽回到了家乡俄勒冈，和一群以前一直在一起玩爵士乐的朋友们小聚。其中一位乐手带来了一位朋友，这位朋友虽然也涉足音乐，但并不是爵士乐手，也没有带乐器来。她没有遵从爵士乐中的惯例，因此，在六位爵士乐手演奏的时候，她便礼貌地坐在一边。卡丽告诉我，六个人没像以前那样演奏两三个小时，而是只演奏了 30 分钟就收场了，这其中很大一部分原因在于，一个不是很欣赏爵士乐的外人闲散地坐在一边，这让他们的演奏很不尽兴。虽然每个人的出发点都是好的，但是，在这样一个特殊的时机邀请一个既没有技术知识又对爵士不感兴趣的外人加入，不仅让场所变了味道，也让社群的亲密感大打折扣。

在内部成员的认识上，情感因素可能对"内幕"或"黑话"的理解属于较为重要的部分。这是指作为内部人士的感觉，以及通过在外人看来或艰难，或容易，或有趣，或费力，或可怕，或高尚的表象来理解驱动社群做出选择的价值观。比如说，慧俪轻体（Weight Watchers）①社群的理念，就是相信成员们理解和重视保持健康体重所需付出的努力。对于消防员而言，他们知道什么样的体验是有危险的，也理解这些体验为何危险，以及经历这些体验时在感情上需要承受什么。同时，他们也能认识到将人们从生命危险中拯救出来时他们对工作产生的热爱。在那些由同病相怜的患者组成的社群中，当一间屋里的所有人或谈话的所有参与者，都能够理解彼此在患病过程中遭遇的恐惧、挑战、不适以及欣喜时，患者们会感到莫大的慰藉。

---

① 慧俪轻体（Weight Watchers）：一家全球领先的体重减重机构。——译者注

　　我最喜欢的例子，来自我的消防员朋友玛丽莎。她向我解释，或许是因为经常面对生死挑战，她的队友们养成了一种黑色幽默感。这种幽默感对于他们来说是一种宣泄，只有他们能够理解。因此，就算只有消防员的伴侣在场，这种风趣的谈话也无法进行得像以往那么自然，语言也没有那么随便。她知道，在消防队友面前，她能够一面说出让外人瞠目结舌的话，却同时保持对一同出生入死的队友们的尊重。

　　我相信，上面的内容能让你看清，你所重视的社群是如何以及为何团结在一起的。你或许得到了一些新的洞见，如果是这样，你就可以将这些以前没有明说的洞见清晰表达出来。它们既可以是你的社群成员已然看重的事情，也可以是社群成员共有的某个认识。通过明确表达这些洞见，你可能会发掘到大家团结在一起的原因，并认识到有哪些人正在找寻你的社群，从而召集他们为你发起的社群添砖加瓦。无论你的社群如何发展，都要以创立时的核心定位作为根基。

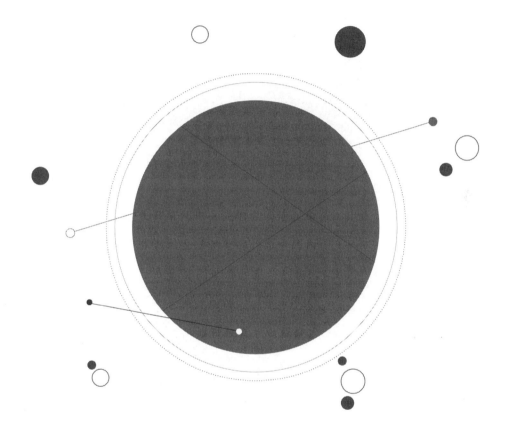

归属感的七条原则

七条原则

在第二部分中我会给大家介绍七条原则，任何部落的首领都可以将这些原则用于正在发展中的或崭露头角的社群。即便以前没有注意，你现在也会发现，这些原则中的一部分或是全部已经在你所重视的社群中得到应用了。其中一些原则或许听起来不合常理或者稍显多余，但通过更深的思考你会意识到，这些原则可能在你的社群中尚未被人发现，但它们其实已经存在。以下就是我们将会详细探讨的原则：

1. 界线：成员和外人之间的分界线

2. 入会：标记新成员的活动

3. 仪式：我们所进行的有意义的活动

4. "神殿"：一个专为我们的社群留出的地方

5. 故事：为了让他人和自己了解我们的价值观而分享的内容

6. 符号：代表着我们所重视的理念的东西

7. 内圈：我们在社群中的成长路径

　　只有相当成熟的社群，才能想出并包含所有这些原则。你不必将所有这些原则都在社群之内施行，更没必要立刻就行动。这些原则只是工具，供你在有意优化现有条件时使用。我很欣赏慧俪轻体、CFO以及嗜酒者互诫协会（Alcoholics Anonymous）这样的机构。这些机构将七条原则中的多条都贯彻得十分彻底，让我们看到，世俗甚至以营利为目的的企业也能够将价值观趋同的人紧密团结在一起，为他们提供服务。在阅读这七条原则的过程中，你不仅会发现这些原则怎样在你最喜爱的社群中得到运用，还会认识到该如何通过更有效的方法来使用这些原则。从理论上来说，寻找这些原则的使用方法应该是充满乐趣的。根据你的社群的现有规模，尽管你自己尚未意识到，或许已经有成员迫不及待地想让你将这些原则运用起来了。

第二章　界线原则

　　成员们想确定社群里与他们持有共同价值观的人是谁，来访者想找到方法在不做出承诺的条件下毫无风险地进行探索，新人则想知道标志他们正式加入社群的点在哪里。界线指的是一条内部人员（成员）与外部人员之间的公认分界线。这条界线的意义更偏重于为内部人员营造安全的内部环境，而非将外部人员拒之门外。有了界线，内部人员便会更坚信他们拥有共同的价值观，并比外人更能理解彼此。

　　举个例子，我的朋友阿曼达是她老家马萨诸塞州洛厄尔（Lowell, Massachusetts）的一个年轻妈妈团队的一员。她们在社交媒体上有一个交流用的论坛，她们也会在市里组织面对面的非正式聚会。这个团队只允许母亲加入。阿曼达曾经告诉我，这一点对她来说非常重要，因为那些对她做母亲的选择评头论足的陌生人会让她觉得在受人评判和苛责。她认为，只有做母亲的人才能对她和与她一样有年幼孩子的母亲所面对的挑战感同身受。这就意味着，无论你是儿科医生、儿童治疗师，还是经验丰富的保姆，只要不是母亲，你就不会受到欢迎。即便父亲也无法加入这个社群，因为他们没有与母亲相同的体验。阿曼达发现，即便是那些只比她早生孩子几年的母亲，也会有不同的医疗知识和抚养建议，且每个人在生孩子时可用的医疗设施也不尽相同。这会导致她们在共同理念上出现一些分歧。对于阿曼达来说，在分享自己的恐惧、困难、失败时，不受人们无知、陈腐的指指点点是很重要的。因此，界线的重要性不言而喻。

在修道院的层级中，跨越等级的障碍的确非常多。新人往往包含几个阶段（试修生、见习生、预修生），在这段时期，长老会评估新人们能否履行层级的规则、价值观以及戒律。这个过程可能会持续数年。成功跨越界线之后的成员，会被视为"受过生活检验"的成员，并拥有投票选举权。类似的界线几乎存在于所有的基督教修道院传统中，包括罗马天主教、新教、英国公教、东正教以及东仪天主教。而在世界各地的萨满教的传统中，想要踏上祭司这一神圣的道路，意味着学生必须愿意割舍下生命中的一切以便浴火重生，其中包括家庭关系、工作职位以及一切家产。为了确保为新成员打造一个友好的环境，社群必须要有一系列清晰的规程，让与社群具有共同价值观且有意加入的外来者得以跨越界线。

没有了界线，你会面对一个非黑即白的窘境。有的社群希望对所有人敞开大门，这种理念来自一种慷慨的直觉：将社群大门向所有人打开，这听起来很有包容力和亲和力。但是，绝大多数的领导者，即便自称"欢迎任何人"，其实还是带有一些约束性的。如果这个宇宙中的万事万物都是好的（也就是说，没有不好的东西），那么，好的事物就永远不能与宇宙中的其他事物区分开来。而所谓的"好"也就不能指代任何（特殊的）事物，因为世间万物都是好的。同理，如果世界上的每个人都能属于你的社群，那也就意味着你的社群与"无社群"没什么区别了。

一个社群至少要通过一个或多个价值观来进行界定（这些价值观可以简单到重视骑行或是居住在你生活的街区）。人们通常可以通过某种兴趣或某项互动来认识这些价值观。比如，我的朋友布鲁斯每周五的晚上都会在东奥克兰的街道上行走一个多小时。他是"奥克兰停战和平组织"的一员，这个组织人人都能参加，但是，只有一部分人选择和他一起在公认的危险街区巡逻。将这些成员凝聚在一起的是一种共同的价值观，那就是他们想让市民看到，有人重视通过非暴力途径来构建城市的安宁。

很多领导者会将"自我选择"（也就是不需邀请自行加入）与"适合任何人"混为一谈。如果历史或现世中存在可能会被排除或一定会被排除在你的社群之外的人，那么潜在的内部人员与所有外部人员之间就有所区别。无论差距多么微小，也无论你所欢迎的人群多么广泛，认识到社群的特点（也就是共同价值观）都是极其重要的，这样，未来的成员才能找出社群的不同之处并意识到自己应该是其中的一员。想一下那些非常团结的社群，那种在死亡面前成员仍然坚守在一起的社群，那种将最后一点资源用在解救受困成员或不惜历经万难去支持有需求的成员的社群，无论其成员是僧侣、军人还是家人，这样的社群都拥有明确的界线，以用来辨明哪些人属于社群、哪些人不属于。

你或许已经拥有了潜在的界线和规范。很多社群都认为自己没有设立界线或守门人，实则不然。或许界线和守门人并不正式，也没有在章程上表现出来。但即便如此，绝大多数的内部人员都知道谁有权拒绝潜在成员加入，此人甚至有权在现存成员举止不当或不遵从社群的共同价值观时将其开除。有的社群不承认设有这样的界线或规范，然而一旦问及成员，他们往往能想起有人被开除的例子（通常是出于充分的理由），这就清楚地说明，强制性的排外措施在这个社群是存在的。

许多年前我还在纽约居住的时候，曾有人托我帮忙组织和发展一个"泛灵性"社群。所谓泛灵性，指的就是从几种不同的灵性传统中汲取经验，为信仰中的困惑寻找答案。在来自全美国的参与者出席的首次会议上，一些成员表示，这是一个适合所有人的团队，无论他有什么信仰、风俗、传统或其他什么不同。

虽然这些成员说的是心里话，但我对这话的真实性有所保留。随着对社群历史的逐渐了解，我发现，这个社群曾有过一位支持多角恋和多配偶制的成员。这种理念，对社群中的绝大多数成员而言都太过激进。许多成员甚至担心，随着这位成员的影响力日益增长，大家都难免受其蛊惑。在几次谈话之后，他被要求停止继续参加社群活动，后来退出了社群。我认为，这件事是说明这个团体并非人人适合的一个明显例证，大家由此意识到这个社团有已然存在的界线。而在一个小时之前，大家都还坚信社群中不存在所谓的界线，可见，这并不容易。

对于来访者而言，有一个探索的空间是很重要的。通过这种方法，我们才能一边保护内部成员，一边给外来者参与的机会，让他们更多地了解我们的社群并判断是否适合他们。为了鼓励外来者的探索，我们可以分享一部分特定的活动和场所，但不能和盘托出。这些共享的活动是我们的外圈活动，而为内部人员（无论正式还是非正式）保留的区域，则是内圈。绝大多数的活动都可以成为外圈活动，外圈的范围越大，外来者在加入之前能够探索的内容就越多。与此同时，拥有内圈也很重要，因为这不仅能够给那些与社群有着共同价值观的探索者一些期待，还能为你的成员营造重要的安全港湾。

举例来说，我在旧金山做行政总厨的朋友亚当告诉我，他的行政主厨社群会为朋友们举行晚宴（外圈活动），但在这些晚宴上，只有主厨们能够进出厨房（内圈）。他们不愿意把晚上的时间花在解释自己在做什么或是培训业余厨师上。这些人享有利用厨房的特权。有的时候，他们也会邀请那些有共同价值观的新人参加一些仅限于主厨的私人晚宴（内圈）。亚当告诉我，如果新来的人所做的菜肴缺乏创意或是制作粗糙，他就不会再次受邀了。这个社群只欢迎那些对食物抱有激情且能够投入时间打造美食的人。

如果你欢迎来访者参加社群的所有活动，可以通过（在同样的活动中）分配特权来创立内圈。这就是说，社群成员可以做来访者无权做的事情。这些特权可能包括以下内容：

开场发言

邀请客人

调度事件

预留位置

教授技能

只有通过保持外圈和内圈的差别，来访者才能够安心地参观了解，而不必担心会在无意间成为社群的一员。

社群的界线由正式或非正式的权威人员来把控。想一想那些对你来说很重要的社群，即便其中不存在正式权力机制，也很可能有一个或几个人有权力将他们认为有危险性的成员开除。对于界线的维护一定要遵循社群的价值观，而不是根据个人偏好、"小算盘"或其他荒谬的标准。维护界线的错误方法有两种。第一，有的界线过于包容，使得持有不相符的价值观的人也能加入社群之中。如果出现这种情况，成员们会出现不安全感。在成员们不相信社群中的所有参与者的核心价值观与自己相通的时候，分享自己的脆弱以及深层次的联系也就变得困难甚至不可能了。第二，有的界线过于严苛，使得有共同价值观的参与者也被拒之门外。在这种情况下，我们应该提出的问题是社群真正的价值观到底是什么，或者更具体地说，权威的管辖范围到底有多宽。

在规范界线的过程中，要注意将那些没有言明却得到巩固的价值观与对外宣扬的价值观进行对比。如果权威人士在社群的包容性上偏离了以价值观为根本的标准，至少会引出两个可能毁掉社群的后果：第一，成员们会开始怀疑社群的真正价值观，参与社群和忠于社群的决心也会动摇；第二，成员们会开始否认权威的价值观，并开始反对权威本身。

考虑到这些危险，成员需对显性和隐性的价值观加以讨论并排出优先顺序。大家可能有所了解，最近，一项关于哈佛大学招生数据的分析显示，每年哈佛都会对招收的亚裔学生人数加以限制。这些限制可能会让人感到非常荒谬。根据《纽约时报》的报道："2008 年，申请哈佛大学的 SAT 分数超高的学生中，有一半以上都是亚裔，但是，新生班级中的亚裔却只有 17%。在美国各种族中，亚裔是成长速度最快的，但是在过去的 20 年中，他们在哈佛大学本科生中所占的比例却一直持平。"很遗憾，与 20 世纪早期为限制哈佛大学犹太学生而制定的露骨的种族歧视性招生政策相比，这个案例简直如出一辙。

哈佛大学的招生网站上有这样一段话："我们寻找前途光明的学生，能于在校期间为哈佛这个社群做出贡献，并能在人生旅途中为社会增光添彩。"这段话表述了学校对于能够做出贡献的学生的重视。很遗憾，招生的人数却让我们看到了另一种未言明的限制亚裔学生入学的价值观。就像在哈佛任教的雅思查·蒙克（Yascha Mounk）在《纽约时报》中所写的一样："真正的问题在于，在精英体制之中，白人将会成为少数，而哈佛大学对此是不愿接受的。"

对于蒙克所说的哈佛大学愿意接受什么，以及造成这种招生比例的原因，我无从评判其正确性。但可以想见，当社群所施行的价值观不得人心甚至让人反感时，社群的权威就可能大打折扣。在过去的一百年中，白人学生一直比其他种族的学生受到更多的保护，如果人人都了解这一点，这对哈佛会产生多大的负面影响？这会不会导致一部分哈佛所说的"为社群做出贡献的人"离开这所学校？

如果成员们相信社群维护的界线与他们所接受的、公开言明的价值观相符，他们就会对此举持欣赏的态度。保持这份信任不仅需要防止入侵者扰乱社群的安全，还需要真心实意地对持有共同价值观的外来者表示欢迎。

还记得我在前面提到的泛灵性团队吗？当我得知曾经有人被迫退出时，我打听了一下提出这个要求的人是谁。有人告诉我，提出要求的，是两位坚称自己不是领导人的"领导人"。其中之一的吉姆之前是一位受过训练的佛教徒，坚持佛教修行许多年。他坚决表示，自己只是一位协调者罢了。

但是，当我指出他拥有要求成员退出的权力的时候，团队中的成员便不得不重新考虑这个团体中是否设有界线的维护者，以及这些人拥有的权力是什么。他们明白，如果换作是我提出让某人离队，这个要求是不会像吉姆的要求那样掷地有声的。

就像是整个国家和一代人的价值观一样，随着时间的推移和人们的转变，社群的价值观也会逐渐成熟。在很长一段时间里，美国的社交俱乐部偏爱白人男性成员。在 21 世纪，任何一个持有这种价值观的社交群体，都会立即被扣上过时、陈腐甚至更糟糕的帽子。如果不是只想吸引种族和性别歧视者，这样的俱乐部是很难吸引任何新成员的。

价值观、界线以及强制执行都必须不断保持变化，这就是一个社群不断成熟的方式。成长的脚步一旦停下，社群就会逐渐被社会淘汰。曾经有着重要地位、如今却销声匿迹或正在退出舞台的社群，俯拾皆是。我的一个朋友曾经加入一支全美性男性社群的地方分部，这个社群的成员需要学习机密知识，完成神秘的仪式，甚至还要在秘密的地点碰头。我的朋友非常喜欢这支团队里的成员，同时他也发现，很多地方的分部都急需成员加入。他们来者不拒，为的就是不让团队消亡。这支男性社群之所以渐渐被淘汰，就是因为他们所重视的男性秘密集会在当今所受的关注大不如前。如果这支团队不适应我们这个性别日趋平等的时代，就可能会被时代彻底淘汰。

在协助来访者跨越界线进入社群方面，守门人的作用非同小可。他们是可以给新来者提供接触社群途径的人，无论是正式的还是非正式的守门人，都要评估一位有意向的新人该不该被迎接进来并成为社群的一员。守门人与具有开除成员决定权的人可以是同一人，也可以不是。

举例来说，想象一个合唱团拥有紧密团结的社群（成员关心彼此的福祉），合唱团里的任何人都可以邀请外人来试唱，将其介绍给领导者，并请他们参加社交活动（外圈），但可能只有一个或少数几个人有（正式或非正式的）权力拒绝某人。在这个例子中，守门人是合唱队指挥，他判定新手是否有成为重要团员的潜力，是否具备受邀加入内圈练习和表演的资格。

其他社群的守门人或许会有许多，但如果新成员遇不到守门人，就永远也无法真正跨越界线。理解这个概念很重要，因为成长中的社群需要给新人提供接触守门人的途径。如果守门人不存在，新人受评估的方式就会含糊不清，即便这评估只是随意进行的。

我有一个朋友在一家接受各类激进人士的大型城市教堂担任牧师，暂且叫他特拉维斯吧。这家教堂非常著名，在每周日的两千多名来访者中，至少有一半都是参观者和游客。这家教堂敞开大门，向人们真实展现教堂现状、教会的价值观以及行为准则。我们聊了很久，讨论教堂该如何成长才能为下一代人服务。

然而，教堂的领导者和我都明白，除了拜访教堂和与教会社群有所互动之外，参观者很难再有更进一步的想法。虽然教堂的长椅上摆放着简明的会员卡片供人填写，下一步会发生什么，填写者则完全不了解。我认识的一些人虽然正式入了会，但不知道下一步该怎么走或该联系谁才能建立人际关系。这些人在教堂的地下室里举办的餐会上做志愿者，却发现自己并没有被当成希望与教堂其他成员沟通的人，反而更像免费劳力。在志愿者服务结束时，没有任何人欢迎他们加入教堂社群，也没有人表现出任何想要进一步了解他们的兴趣。

  想象一下，因为来访者找不到加入渠道而流失的人员有多少吧！我们正在组织的社群，是否也有同样的问题呢？我的朋友所在的教堂需要设立人们很容易就能联系到的正式或非正式的守门人。而现在，想要对入会做更多了解的来访者必须找到神父才行，而教会里的神父却只有三位。守门人则可以为新人牵线搭桥，在新人表达出想要深入了解的兴趣时主动发出邀请。

第三章 入会原则

每个人都希望真正被自己加入的社群所接纳。入会仪式能够帮助成员清楚了解谁属于这个社群，也为他们跨过界线、进入内圈的旅途画上一个句点。所谓入会仪式，是指任何被视为正式认证及欢迎加入社群的活动。

入会之后，作为内部人员，新人会得到新的"特权"，并因跨过界线加入社群受到重视。他们无须再证明什么，通过归属感，他们获得了自信，也体会到了他人的欢迎。从理论上来说，所有内部人员都应该将名字报给社群。世界上所有重要的宗教都有多种入会仪式，完成仪式标志着新人正式成为宗教中的一员。这其中就包括对于成为一位享有全部特权的成员的认证。常见而古老的入会仪式包括基督教的洗礼、犹太教的男孩女孩成人礼、印度教的受教礼以及安第斯山萨满教的山顶朝圣之旅。

入会仪式可以采取你想要的任何形式，繁文缛节是断然不必要的。为欢迎新成员，列队行进、舞蹈、用火照明的大厅或许很有趣，但一封温暖的私人信件或一通电话也会很有效果。在新人背上轻轻一拍，再说上几句合宜的话，或是与社群守门人一起共进晚餐，这些都可以产生很好的效果。只要能够被立即理解为表示认可和欢迎的行为，就可以作为入会仪式。比如说，在完成了几个月的培训之后，和平护卫队的志愿者们会由一位美国国务院的外交官带领宣誓入会，每人都会收到一枚带有和平护卫队标志的徽章。新比利时酿酒公司（New Belgium Brewery）的雇员则会在一周年入职纪念日那天成为公司的股东，在全体股东面前发言，阐述成为公司所有者之一对于他们的意义。在第一次进入"火人节"（Burning Man Festival）场地的时候，参与者需要按指示从车里走出来，在沙漠里滚三次，然后将锣敲响。

顾名思义，入会仪式是一种仪式，而最棒的仪式是有其标志和符号的。无论是为正式的还是非正式的社群打造仪式，都可以大大提高新成员在加入时感受到的欢迎气氛。社群在成员进入内圈时若不举行明确的入会仪式，会造成两个不必要的麻烦：由于没有明确的界线，新来的人不知如何以及何时能够加入社群。

首先，即便是简单的入会仪式，也要让所有人明确了解，在选择跨越界线之前，所有人都只是来探索的。这一点可以让来访者安心，因为他们明白，如果没有做好入会的准备，他们可以在无须接受社群成员任何价值观和信仰的前提下参与。其次，让所有参与者明确区分内部人员和外部人员是很困难的。虽然大家可能对核心成员有个笼统概念，但不太活跃的成员或是新成员可能会对自己的身份产生疑惑。他们可能无法确定自己享有的特权，对于构成内部人员身份的具体条件也琢磨不透。

有的时候，人们可能会将偶发事件误认为成入会仪式，尤其是在非正式的社群里，绝大多数人都希望自己被社群接受和重视。如果社群不提供入会仪式，他们会将别的事情误读为入会仪式。那可能是领导者的一句随口赞赏，一次培训其他成员的邀请，或者不属于外圈活动的私密活动的邀约，如私人派对、亲密的对话或没有对外公布的聚会。最终，每位成员都会将某项活动解读为默认的入会仪式，即便事实并非如此。

比如说，在大学这样正式的社群中，当申请人接到入学通知书的时候，它通常不只意味着一个好消息：它还是一封邀请函，是进入内圈的欢迎信，是许多人永生难忘的时刻。这信件、电话或者电邮是对申请人跨越界线的认可。申请人由此明白，他们得到了接受，也受到了重视。打开这封信或接听这通电话，都可以成为一种仪式。另外，各大院校还会举行开学典礼，这是为那些被批准入学且接受了邀请的申请人准备的仪式。

再看非正式的社群。我有一个很知名的朋友，我们暂且叫他斯科特。斯科特刚刚入行就在音乐界获得了成功，现在的他，住在曼哈顿一座高端联排别墅中。许多人都自称是他的朋友，吹嘘自己认识他，并绞尽脑汁设法受邀参加在他家举行的私人活动。和他初次见面时，我俩很快熟络起来，聊了一些深刻而有意义的想法，我能感觉到，很多人都在企图成为他"内圈"中的一员。每周都有很多人被邀请到他的家里，不知道与那群拿着酒杯站在他周围听他讲笑话的人相比，我们俩的关系是否要更进一步。

一天深夜，斯科特给我打来电话，告诉我他和女朋友分手了。虽然我们之间隔着三个时区，他却将内心最深处的痛苦与我分享。在两个多小时的时间里，我拿着电话聆听他的倾诉，并与他讨论下一步的计划。有了这通电话，我确信我们置身于一个诚挚的友谊内圈之中。这，就是属于我的斯科特朋友内圈入会仪式。想象一下，假如有天晚上，斯科特用手揽住我说："你能成为我最亲密的朋友，这让我很感恩。我知道你并不想进军演艺圈，也知道你并不是让我为某家公司投资。我知道，即便在意见相左时，你也会永远以诚待我。你与拜访我的人中的 90% 都不同，这对我来说意义非凡。感谢你。"这，也是一种入会仪式。

归属感危机

许多社群都存在成员缺少归属感的现象，在那些极端挑剔的精英群体中，这种现象更为常见。即便是在所有成员都需受邀加入的私密社群里，这种现象也仍然存在。在遇到这种情况时，我们或许会担心自己的加入只是一个意外，甚至会害怕有人发现这点，把我们当作骗子拒之门外。

可悲的是，即便很多成员都心存这种担忧，却继续各自的生活，好似对这种恐惧视而不见。我们的社群变成了一个由独立的个体组成的集群，每个人都形单影只，认定自己并不是集体的一员。这就是归属感危机。

我曾经在引言中跟大家讲过我的发现，即这种危机曾经充斥在我的耶鲁朋友之中。为了走进耶鲁的教室，大家付出了难以计数的时间和努力，但许多人却担心某天会有人将我们在走廊里拦下来，让我们离开。觉得自己浪得虚名的我们担心，在那一刻，我们的真面目会被别人揭穿。幸运的是，有一条捷径可以帮助我们克服这种恐惧。如果感觉自己陷入了归属感危机的陷阱，或是感觉到别人正在面对这个危机，解决的方式其实很简单：那就是发出邀请。这可以是社交聚会的邀请，私人活动的邀请，或单独见面的邀请。邀请解决了归属感危机，解决方式如此简单，以至于让人觉得难以置信。实际上当作为领导者的我们发出邀请时，发生了两件打破归属危机的事。

第一，在发出邀请的时候，我们要让对方看到，无论我们的角色或头衔是否正式甚至是否存在，我们都是有权利发出邀请的。对于那些感受到归属感危机的人来说，从任何人那里接到邀请，都说明邀请人在团队中的根基很稳，有权去邀请别人。这听起来或许愚蠢，但确实是这个世界运行的方式。当我们感觉自己的归属感出现危机的时候，邀请他人与我们交流互动可以让我们在社群中的存在感更加牢固。一起吃午餐，一起在公园散步，或一起喝杯热咖啡，这样的邀请会产生巨大的影响。我们往往会为提出邀请这件事增加不必要的难度：担心对方拒绝我们，或者看轻我们的权威性。

第二，当陷入归属感危机的人从任何成员或社群领导者那里收到邀请的时候，邀请本身就变成他们归属于社群的证据。他们之前担心，自己"其实"只是在内部人手不够时碰巧经过社群的外人，而我们的邀请，则证明了他们其实属于社群的内部人员。

这个证明非常有力，以至于受邀人接不接受邀请都已经不重要了。仅仅是提出邀请的简单之举，就可以为他们排解危机。在引言中，我也跟大家分享了我仅靠晚餐邀请便改变了朋友梅洛的人生的故事。在三年的时间里，其实梅洛只参加过几次晚餐活动。但这不重要：我发出的每次邀请，都在表明我有邀请的权利，以及被邀请者是社群中的一员。起到作用的，并不只是晚餐本身，更是诚挚的邀请。这个故事让我意识到，我没有充分认识到我的邀请的力量，即便是那些没有得到回复的邀请也有其影响力。我之所以发出这些邀请，单纯只是因为这些邀请有潜力，也的确能够改变一些人的人生。

第四章　仪式原则

所谓仪式，是指任何一项标志着某个时段或某个事件的特殊性或重要性的活动。仪式中的行为带有深刻的意义，它将当下与过去发生的事物以及我们对未来的希望联系在一起。为了区分快乐与意义，心理学家罗伊·鲍迈斯特（Roy Baumeister）组织了一项400人参与的调查。他的调查显示，"意义"需要我们对自己的生活拥有超出当下时间与地点限制的理解。这种理解，需要我们回顾过去并思考自己该如何与未来发生联系。当我们将当下与未来和过去融合为一时，意义便会显现出来。我们的健康、财富及人际关系都会改变，而意义则是在这些变动之中创造出一种稳定感。仪式是一种将意义带入我们生命的工具。

任何一个加入或接触过宗教传统的人都会意识到，人生几乎每一个阶段以及任何快乐、悲伤或憧憬的时刻，都有相对应的仪式，甚至舞蹈，婚姻、死亡，全部都可以用仪式来表达。我最喜欢的仪式之一，便是土耳其苏菲旋转舞。为了达到一种迷幻的状态，人们会在一种较为神圣的音乐会上表演这种舞蹈。而与这种舞蹈形式截然不同的贵格会会议（教友派），也是我所欣赏的，它以静默的形式开场。为了让全体人员对神灵敞开胸怀，整场会议甚至都在安静中度过。

强大的社群会打造各种正式以及非正式的仪式。这些仪式的种类多得超乎你的想象，它们通常依赖特殊的符号，且会对人们的感情产生重要的影响。而归属感、信任感、被欣赏和受欢迎的感觉，都属于情感的范畴。

与先辈相比，我们所处的时代要随意自由许多，因为我们已不再使用前人的仪式。我认为，现今保留下来的仪式更为重要。生日吹蜡烛、感恩节烤火鸡、母亲节寄鲜花和卡片，这些仪式对美国人而言习以为常，以至于有人已不将这些当作仪式看待。想要认识仪式存在的重要性，一个判定方法就是提问，即如果将这项活动剔除，会不会让某个时间点的重要性打折扣。想想你和家人朋友庆祝生日的场景，有哪些活动能够表现出生日比其他日子更重要？哪些活动会让你觉得这些日子更加"特别"？

仪式往往包含参与者能够辨认的形式（模式）。在适当的时间参加相应的仪式后，我们便会了解其形式。举例来说，如果在美国过生日，我们大概会举办一个类似以下形式的生日派对仪式：

> 朋友和家人受邀到同一个地方，被告知将要举办一个生日派对。
>
> 有人负责为派对制作或购买蛋糕。
>
> 有人在蛋糕上点燃标志年龄的蜡烛。
>
> 在吃完饭和没有固定形式的社交活动之后，客人们为过生日的人唱响生日歌。
>
> 过生日的人以最快的速度将蜡烛吹灭。
>
> 客人们欢呼。

有人把蛋糕和冰激凌端上桌。

过生日的人打开礼物。

客人们与过生日的人拥抱。

要是每周、每月或每年一次的朋友聚餐对你来说有着特殊意义,这种聚餐就是一种仪式。你或许会参加某个朋友聚会,虽然从未将此当作仪式看待,但这个活动对你来说却是特殊甚至神圣的。你会因满怀期望而兴致勃勃,会整理日程以便腾出时间,还会像参加重要活动一样梳妆准备。

我认为,你的生活中一定存在着你尚未注意到的仪式。这些仪式无处不在。单调的重复使得人们对这些活动有些漫不经心(但重复并不只存在于仪式当中)。比如说,一场每月举行的晚宴在开始时或许并不是一种仪式,但在连续进行了五个月之后,当一位朋友告诉你她下次来不了时,你的失望或许会超乎你的想象——因为你已在无意之间创造了一种仪式。事实上,这场晚宴已经发展为超越单纯与友人分享食物的活动了。

或者,你的祖母多年来都会为感恩节晚餐制作绿色果冻沙拉(如果你的祖母像我的祖母一样,那就是好多好多年来如此)。有一年,她受到《纽约时报》上的菜单启发,做了一款不同的菜肴,使得客人们大失所望。这并不是因为新的菜品要比果冻沙拉差,而是因为仪式出现了改变。长年积累下来的习惯,使得在这一天分享家里制作的绿色果冻沙拉具有了一种熟悉感和意义。仪式中突然出现的意外改变,是节日庆典上许多恶劣或暴力事件的起因。仪式对于我们的意义,远比我们从表面上认识到的深远得多。

如果我们愿意,仪式的"烈度"(也就是仪式对我们能造成多少影响)

是可以有所增加的，对仪式的巩固加强可以让仪式（即活动）变得更加特别和有分量。只选择那些对你来说意义重大的仪式进行巩固，这一点很重要。比如说，假设你的家庭生日宴会上吹蜡烛的环节发生了改变：家里的每个人都要带一根蜡烛来，按照出生顺序点燃，并大声说出一个你在过去一年为家庭做出的贡献，然后，你分享对每位家庭成员的感恩。在此之后，你才能将蜡烛全部吹灭。如果这样，你的生日派对会不会让人感觉不同或是更特殊？会不会使得不同的价值观被注入仪式中？

如果想要感觉更加特别，方式有很多，即便像颁发胸牌这样的简单仪式也可以使用多种方式。比如说：

在安静中开场。

大声说出大家聚集在一起的原因。

使用特殊的场地。

与其他人身体接触（抚背、握手、拥抱，等等）。

将胸牌交给别人。

大声说出这样的仪式让人产生了怎样的不同感受。

仪式中的安静具有强大的效力。让大家保持安静，这不仅构成仪式的重要部分，也可以成为整个仪式的内容。这可能意味着，大家的关系亲密无间，无须事事都表达出来，也无须让每个时刻都充满乐趣。在一个分分秒秒都被谈话、音乐或警报充斥的世界，打造一个安静的场所可以营造出最有意义的共处时间。从我的经验来看，在面对痛苦的时候，几乎每个社群都想要进行一场安静的仪式。在创伤疗愈中心做牧师的时候，我曾经在人们生命中最痛苦的几个小时提供陪护，这让我看到，对这些人来说，能有人与他们默默地坐在一起，甚至只是保护这份安静，都是非常重要的。静默有时能营造出最震撼人心的体验。

进阶仪式的重要性无须言表（但进阶仪式并不是很普遍），这是社群中最为常见的仪式，是社群对某人从一个阶段进入下一个阶段的认可。这种进阶可以是从一个年龄进入另一个年龄（生日庆典），从学生到毕业生（毕业典礼），或从跟随者成为领导者（升职或就职典礼）。入会仪式是外部人员变成内部人员的一种进阶仪式，社群可以通过这种仪式对成员的成熟与成长表现出认可。

庆祝往往会与这些仪式联系在一起。进阶仪式以及类似庆典的重要性，如何强调都不为过。这些仪式和庆典可以帮助我们在产生重大转变的时候生出自豪感、荣誉感、成就感。在这样的仪式上，无论是为自己获取认可还是为别人提供认可，我们都会感觉自己受到了重视并与人产生了联系。我的朋友罗珊妮告诉我，她的雇主曾经为那些与公司共同经历过大起大落的员工们举办了一场典礼，这对她来说意义非凡。她说，公司将这些员工召集在一起，按照他们为公司供职的年数颁发礼品。在典礼上，为纪念她为公司奉献五年时间而颁发的烛台，她至今仍很珍视。另外，她也对那天因供职公司三十五年而受到表彰的获奖者产生敬意。

这些仪式是如此重要，以至于有的人将仪式（即一种认可）与一个人的实际成长或成就画等号。比如说，前总统巴拉克·奥巴马在第一次就职宣誓中做了一些错误的援引，虽然法律明确规定，即便如此，他仍然是正式的总统，但出于很多人对于仪式严肃性的担忧，奥巴马在椭圆形办公室里又进行了一次宣誓，以平息人们尚未化解的疑虑。在仪式中，对权力的尊重是很重要的，在将人们集合到一起的时候，这种权力随时可以为我们所用。

社群表现仪式可以将社群展示在成员面前。共同参与以及社群成员身份的表现是必要的，这意味着，社群中应该有一些能将一部分成员的参与展示在另一些成员面前的活动。社群的规模和力量，至少会通过这些活动得到部分展现。这些仪式可以包括正式的正装庆典、共同参与的社群服务、有组织的竞赛或任何共同参与的活动。成员的参与各不相干且得不到展示的社群，是缺少深层次的团结的。

玩乐仪式也很关键，社群必须要有能够在一起玩乐的机会。我最爱的玩乐仪式就是聚餐了，当食物被仪式化，用餐就变成了宴席。几乎所有的社群都会通过某种方式举行宴会。在美国，对很多家人和朋友来说，感恩节已经成了最重要的宴会仪式。对许多年轻的家庭成员和刚加入美国国籍的人来说，举行宴会已经成为一种进阶仪式。

体育运动和唱歌的方式也比较常用。我曾经在芝加哥拜访过HASH（Hash House Hanies）运动跑步团队。跑者从属于一支举行各种跑步游戏的国际团队。比如说，一队成员要沿着一条稍早前由一位成员铺设的跑道跑步，这条跑道上有死路、原路折返及误导信息。跑者对于社交的重视要远远大于强身健体。有一个周六跑完步后，大家坐在湖边享受烧烤，正在放松的时候，几位HASH成员竟然冷不丁地唱起了搞笑的情色小调。他们是在用最有效的方式展示这个社群的玩乐仪式，当然也是在展现自己对于社群内部信息的了解。这些人玩得很尽兴，我也很荣幸能成为他们的客人。

仪式的基本格式

打造社群传统中尚不存在的新仪式，这种途径很多人都没有考虑过。但即便是尚未深深根植于传统的仪式，也仍然可能有深远的意义。更进一步说来，这样的仪式反映了你所在的时代，因此可能拥有更深远的意义。每一个你所欣赏的仪式，都是有人先创造出来，之后又有人随着时间的推移逐渐加以发展的。你可以成为创造仪式的传统的一分子。那么，怎样才能为社群创造出有意义的仪式呢？

在过去的几年中，我创造了许多种仪式，这些仪式对于我和我的朋友们意义之重大，时常让我感到出乎意料。这些仪式可以是两个朋友之间几分钟的互动（比如跪下来向对方求婚），也可以是几千名参观者共同进行的长达几周的活动（奥林匹克运动会）。这些仪式既可以包括唱歌、谈话、打保龄球，也可以包括简单的沉默。我将从仪式研究中发现的一些基本因素加入，让仪式的体验变得更深刻更令人满足。我把这些因素称为"基本格式"。这种格式可以用在长达几天的活动中（很多的婚礼就是如此），也可以用于只有 15 分钟的入会仪式。每个部分的长短并不重要，重要的是，每个部分必须对你和你的社群真正有意义。我将这个格式放在这里，只是为了激发灵感：请务必创造出对你有效、让你感到满足且与人心心相通的仪式。

基本格式中的因素：

开头

1. 欢迎

2. 说明意图

3. 提及一项传统

4. 解释活动流程和给出说明

主体

1. 分享见解

2. 邀请参与

结尾

1. 致谢

2. 送客

开头

1. 欢迎。欢迎辞标志或者"强调"了仪式的开始，将仪式开始与到场时间或仪式外的时间区分开来。这让聚集在一起的人明白，接下来的活动是特别（神圣）的。有的时候，欢迎辞会被称为"召集令"，因为这号令会将人们召集在一起。这种召集令标志着一顿饭或一场体育运动的开始。在致欢迎辞的时候，全体人员都被要求将注意力放在某一个人的身上，那个人对所有来宾表达特殊的感谢，内容可以包括感谢大家不远万里前来、有所舍弃以及拨冗出席等。如以下几种：

感谢大家来参加我们为国际研究员和家人系列活动举行的第一场晚宴。我要感谢大家驱车前来，感谢大家信任那些告诉你这场晚宴值得花时间参加的朋友，感谢大家放弃了这个温暖的夜晚其他丰富的选择来与我们共处。这场晚宴之所以其乐融融，是因为有了你们的加入、陪伴以及全身心的参与。非常感谢大家让这次晚宴得以进行。

欢迎大家来参加詹姆斯的生日派对。我知道，你们中的一些人是请了假、重新调整了日程、开车一个多小时、拖儿带女、带着装备来到我们之中的。你们的付出对我们来说很可贵。没有了你们，这只是一个放着食物和蛋糕的房间而已，是你们让这次派对变得无可取代。你们也是无可取代的。谢谢大家。

欢迎大家参加奥克兰运动会。在场的有训练超过一年的运动员，他们已经找好了赞助商，自己也投了钱来参加这周的比赛；也有搭乘飞机不远万里来支持、陪伴、加油鼓劲的家庭成员；还有志愿者，为了将这场比赛打造得让人难忘而有意义，他们投入了几百个小时。我要感谢所有人，谢谢你们让这场比赛得以举办，也感谢你们与我们分享时间和精力。随着这一周精彩赛事的展开，我们欢迎每一个人加入我们的社群中来。

2.说明意图。聚会的意图需要明确地表达出来，无论意图是单个还是多个，都是如此。

我们齐聚这里，是为了给完成了大学所有课业和测验的最新一届毕业生颁发毕业证书。今天在这里为大家庆祝，是让你们知道，你们永远是这所学校的一分子，无论在哪里，你们都是母校的使者。

大家齐聚一堂，是为了庆祝我们亚历山大的家庭感恩节宴会。我们在这里庆祝节日，感恩我们能享受如此丰盛的食物，并与大家共度美好时光。大家之间的友谊是今晚的重头戏：我们今天来到这里，最重要的目的，就是为了分享我们自己并加深我们的友谊。

世界上最顶尖的冬季运动员们齐聚在奥运村中。通过奥林匹克运动的形式，我们希望让东道主以及全世界看到，如此祥和的社会存在是可以实现的，人们之间的竞争，是可以带着对所有人的尊敬和谐进行的。纳尔逊·曼德拉有一句简单明了的话："体育可以改变世界。"的确，我们为社会的进步做出了贡献，也为和平尽了一份力。我们想让大家看到，尊重规范制度、尊重竞争者以及彼此尊重的对话，可以化解一切分歧。

3.提及一项传统。你可以通过这个机会让所有人明白，将要进行的活动是源于某个传统，或至少是借鉴某项传统而来的。这会提醒大家，我们是社群中承前启后的一员。如果活动并没有源自或借鉴某个传统，那么你就可以表明你正在引领一个新的传统。你可以随时向大家介绍赋予这个活动以灵感的人物、哲学理念或体验。

詹姆斯和雷娜在此结为连理。在詹姆斯的曾祖母移民到夏威夷之后，他是家族中在火奴鲁鲁结婚的第四代。自与家人从哥伦比亚移民来到美国，雷娜是她的家庭中在美国组建自己家庭的第四个人。

今晚的晚宴，标志这一系列晚宴将要迎来第四个年头了。第一次的晚宴，是三年半之前在我们所在的布鲁克林举办的。几十名志愿者参与了进来，参加活动的人则达到了几百名。这一系列活动的灵感，来自英国作家兼神学家C.S.刘易斯。20世纪40年代，他曾经提醒大家注意所谓内圈的蛊惑，提防我们想要加入一个比现在更酷的团体的欲望。他说，要避免这种情况，其中一种方式就是经常邀请别人参加一些我们钟爱的活动并从中建立友谊。这也就是我们今晚要继续进行的活动。

再过一会儿，奥林匹克运动会便会第三次正式回归伦敦。感谢伦敦，又一次将世界各地的人们迎接到你充满活力的怀抱之中。这一次，所有参赛的团队中都包含女性运动员，这在奥林匹克历史上尚属首次，对于性别平等更是一次强力的推动。从某种意义上来说，奥林匹克比赛将在今晚回家。在很多人眼中，这个热爱体育的伟大国家就是现代体育的诞生地。在这里，运动员精神和公平竞争精神第一次被明确写入了规则与章程之中。

4.解释活动流程和给出说明。 通过这些内容，参与者可以了解仪式中将会发生的事情。无论仪式的用时是十五分钟、两个小时，还是一周，这都不重要。解释的内容能够帮助那些感到陌生、困惑甚至恐惧的参与者，为他们指明方向。让参与者知道你的计划，这不仅会让他们感到安心，甚至有可能激起他们的兴致。如果社群设有规则，那么这正是个宣布规则的好时机（比如说，你可以让场内客人保持安静，不要使用电子设备，也可以让新成员先落座）。如果你的仪式只包括一项"活动"（比如将胸针别在衬衣上），那么你也可以向大家说明这一点。如果你想安排一个惊喜，那么有一种方法就是告知参与者会有惊喜等着他们。参与者或许会因期待而兴致勃勃。

我给大家解释一下今晚感恩晚宴的流程。我会跟大家说明菜品，以便让那些有忌口的客人按需做选择。

我讲完之后，安妮会带领大家进行祷告。自助餐随后开放。先由孙辈开始为爷爷奶奶们打一盘菜并端到桌前，之后大家就可以随意自取了。

在另一个房间里，大家可以找到有自己名字的卡片的座椅。在桌边坐下之后，我们鼓励大家去聆听你身边的嘉宾诉说他生活中美好的东西。但这只是个建议。

吃完主菜之后，希望大家帮忙把剩菜倒掉，并清洗盛菜的碟子。

这些事做完后，我们会提供派、冰激凌，以及咖啡。甜品上完之后，詹姆斯和比尔会在大厅尽头组织一场爵士乐即兴演奏会。欢迎大家参与或旁听。

甜点用完之后，我们希望大家能帮忙打扫厨房。

大家随便待多久都可以。场地的空间很充足！

在今晚的生日贺词中，我们会阅读托马斯·默顿（Thomas Merton）以及其他历史宗教社会活动家的作品中的内容。

在此之后，我们会阅读那些无法到场的朋友们的来信。斯黛芬妮先朗读，然后我们会轮流朗读，以便每个人都有机会读一封信。

然后，我们会进行撒种仪式。这提醒我们，在离会之后，我们的行为往往会通过我们无法预知的方式生根发芽。在这一环节，我们欢迎每个人播下种子。

最后，我们会聚集在纳奥米身边，将一只手放在她的身上。如果你够不着她，那就把手放在你前面的人身上。祈祷将由团队的领导者带领进行。

在此之后，我们将会送给大家一个惊喜。

然后，我们大家一起到另一间屋子里共同享用我们的庆祝大餐。

今晚的活动，将会带领大家将注意力从一周的培训转移到接下来的工作上。请所有参与者安静地坐在自己的位置上。

我会朗读丹尼尔·贝利根（Daniel Berrigan）所写的关于致力改变的一段文字。请大家继续保持安静，等待劳拉叫出你们的名字。

听到自己的名字之后，请走到她身旁。她会给你一个装有一份专属于你的礼物的信封。

请你默不作声地接过礼物，把礼物带到离这栋建筑百米开外的会场内。你会找到一个安静的地方，这时，你才能把礼物打开。

在晚上十点之前，不要同其他参与者说话，也不要侵扰他们的隐私。晚上十点整，正式活动将收尾。

如果有人在活动收尾之后仍想要自己安静一下，请尊重他人的选择。

现在，我们会开放五分钟的问答时间，然后就开始活动。

主体

1.分享见解。 将对于你的社群或这场活动有重要意义的人的见解，用大声朗读、凭记忆援引或总结的方式表达出来，可以是简单的一句话，也可以比这更多。你的分享将告诉参与者，社群重视能够丰富人们生活的智慧，而且正在做比用无聊的活动滥竽充数更有意义的事情。下文中的例子非常简短，你可以使用更有分量的内容，譬如更巧妙、更有诗意或你更熟悉的见解，它们肯定要比我的例子有效得多。

我还记得托马斯·默顿曾这样写道："归根结底，化解一切问题的还是人与人之间实实在在的关系。"你们是我的朋友，构成了我最重要的人际关系，是你们化解了我的一切问题。我很感激。

这是一个艰难的时期。在这样的时期，我想起了激进主义牧师丹尼尔·贝利根的话语："了解你的立场，然后坚守在立场之上。"今天，我们一起坚守在此。我为你们感到自豪和骄傲。

随着序幕的拉开，我想起了比尔·戈德雷尔（Bill Golderer）的一个见解。比尔曾在费城创立过一个食物救济项目，他说过"勇敢发出邀请"这句话。能够在这里和大家一起鼓起勇气、同心协力，我深感自豪。

2.**邀请参与**。每个人都被邀请参与进来（而不只是在旁观看）的仪式，趣味会增加许多。我喜欢邀请每一个人参与进来一起做些事，这与强迫别人参与是截然不同的。有的时候，在别人积极参加的时候从旁观看也是一种丰富的体验。那些参与不太积极的人，或许只是偏好一种更加沉静的参与方式。你可以邀请参与者做任何与场地和活动的意图相称的活动。很多仪式都不设这些活动，因此变得索然无味。

理想的活动，应该让成员联系得更紧密并让仪式更有象征性。这也就是说，这些活动应该有含义，且这内涵不应太浅显。这些活动应该以象征的形式出现，并需要人们解读其中的意义。你尽可以让不同的参与者参加不同的活动。比如说，你可以让参与者做以下活动：

做演说

分享文字或手工作品

播种

清洗某件东西

将某件物品传下去

大声朗读

把某件物品挂起来展示

在会场中为大家展示某件东西

写字

画画

装点

彼此接触，包括拥抱、鞠躬，或用手触摸肩膀

结尾

1.致谢。致谢表达了仪式达成了什么效果或实现了什么改变，这能给仪式带来一种成就感（成就感的大小无妨）。致谢可以简短至一个句子，也可以很长。

　　现在，我宣布你们成为夫妻。

　　欢迎你。现在，你已经成为我们最新的一位成员。

又一次，我们在一起铸造友谊。我的人生因今晚而变得更加丰富，希望你的人生也一样。

2.送客。送客是一种标志仪式结束的方式。领导者可以通过或委婉或直接的方式将参与者"送"回外面的世界，让他们继续自己的生活。送客环节在情感上给仪式收尾，也给大家一种重新回到俗世中去的许可或提醒。送客将我们与未来的生活联系在一起。

帕特里夏（Patricia），你现在已经成为正式会员。我们的社群能打造改变人生的友谊，会在成员脆弱时伸出援手，并在成员强大时一起庆祝，而你，已成为这个社群的一分子了。为了庆祝这个时刻，让我们大家从这里移步到旁边的房间，以朋友的身份举杯共饮。

我们的感恩节大餐即将告一段落。大家可以再多待一会儿，甚至留下过夜都没问题。同时我也知道，一些人必须马上上路了。感谢你们让今年的感恩节又一次成为大家难忘的一天，让我们记得我们拥有关爱我们的朋友和家人。请把没吃完的菜带回家。祝一路平安，也请在明年11月来临之前让我知道你们的生活情况。感恩节快乐！

这是让人感慨万千的一周。我结交了我想珍视一辈子的新朋友，学到了很多关于领导力和愿景的知识，也通过了解你们正在打造的事业而大受启发。实际上，我已经迫不及待地想贡献自己的力量了，也希望每个人都能这样想。我们组织这一周的活动，就是为了助力让这个世界变得更加精彩的领导者。看起来，这个目标已经实现了。现在到了活动的尾声，请回到你们的家中和社群中，让鼓舞你的愿景给他们带去一样的启发。这个世界迫切需要更多有灵感和想法的人，感谢你们参与我们的活动。

仪式的变化

随着时间的推移，你的社群也会成长。在此过程中，你会不可避免地发现，有些现有的仪式（或界线、标志、故事）对于社群的作用已经大打折扣。社群是不断变化的，因此，你运用这七条原则的方式也应该随机应变才行。

处理这个问题的最好方法，就是思考你希望仪式对现在的成员具有怎样的意义。你可以借鉴过去来保持社群的历史和传统，然后再更新和加入让你感到兴奋的新元素。我希望，这种平衡不仅是一门技艺，也能为你带来乐趣。

回想一下感恩节的例子，在感恩节，人们或许想要一定的程式。你或许因缺少了祖母的绿色果冻沙拉而失望，但如果感恩节的菜肴从 1949 年开始就从未有过变化，估计你也会感到不满。客人们不尽相同，场地也八成有变。也许，除了火鸡外，现在的菜单上不仅有素食者的前菜，其他菜品也更加多样。新的客人也可以带来自己文化背景中的菜肴。

将客人们家里的传统食物加入仪式之中，这样做是否有意义？为了方便有孩子以及需要长时间开车的家庭而调整仪式的时间，这是不是明智的选择？能不能换一种方式布置餐桌以方便坐轮椅的客人？这些问题的答案，只有按照你想注入社群中的价值观（比如归属感）才能判定。如果你一心只想将传统一成不变地承传下来，那么你就该意识到，对于一个不可能完全保持原样的社群来说，你所维护的东西或许正变得越来越没有意义和不合时宜。

一个动态的社群，仪式也需要动态的成长。所有的符号和仪式在一定时间内都有其作用，可以团结人群、社群甚至国家，但时间毕竟要往前走。仪式和符号背后的历史和意义，会通过新的视角和感观被揭示和理解。有人会问，我们是应该坚守自己的传统呢，还是应该放手过去，接受新的符号呢？

在这种问题上达成共识绝不是一件容易的事。寻找共识有其重要性，甚至是必须的。但无论人们的出发点有多好，寻找共识的过程几乎很少能衍生出更好的解决方法。无论我们是选择对立双方中的一方，还是寻找某个中间点，都必定会让一些人产生不满。优秀的领导者终将意识到，最终的决定权是不能分配给整个社群的。与领导者面对的许多时刻一样，这个时刻也需要领导者花一点时间反躬自问。创造未来而不仅仅囿于过去的决策，是势在必行的。

第五章 "神殿"原则

　　每个人都想要一个场所，让我们的社群成员能够齐聚一堂，一起做大家平日里渴望做的事情。所谓"神殿"，其实就是有着共同价值观的人们用来举行社群仪式的地方。社群成员明白，这地方是他们能够找到的大本营。而有些身在远方的成员则渴望能够到此拜访。从某种程度来说，"神殿"代表着社群的力量和正统性。"神殿"是一个"神圣的场所"，一个专为特殊用途留出的场所。通过举行仪式，你可以将任何空间转变为"神殿"。指定一个永久性的"神殿"固然有其好处，但并没有必要：任何有成员聚集和举行仪式的空间，都能被转变为"神殿"。实际上，对一些体育社群来说，一片宽敞的空地也绝对可以称得上是一座"神殿"。

　　在我去过的所有国家的所有城市中，附近都有专为信仰传统而留出的场所。这让我看到，无论人们身处世界何地，都渴望在特殊的地点聚集一堂。在我所拜访过的所有圣地之中，最让我震撼的一个，便是印度阿姆利则的曼哈迪尔寺（也称"金庙"）。在这里，你可以听到神圣经文的诵读，人们在这里沿用锡克教传统方式进行祈祷，在一天内的任何时间，来此拜访的人都会受邀享用一顿刚做好的热气腾腾的饭菜。这里对于宗教、等级或背景不设任何限制。每天都有超过三万名游客在这里随其所好地免费享受美食。在此之后，所有人都会受邀在寺庙之外饮用印度热茶。所有的餐食，都由志愿者在寺庙场地上设立的大型"琅加"（Langar，免费食堂）中烹饪、盛装以及清洗。我从朋友那里得知，全世界的锡克教谒师所都传承着这种为陌生人提供餐食的传统，只是规模远不如这里的大。

我还在加州海岸拜访过一个较为隐秘的美国原住民圣址。那片场地几乎就是由简陋的木屋和一片空地构成的。管理场地的制药师不会告诉外人这里会举行什么样的仪式。我所知道的是，每天都会有美国原住民不顾路途遥远到此拜谒。

如果不加解释就将神殿里举行的仪式搬到外面，可能会让人感到奇怪。但这些仪式在神殿之中是有意义的、让人感到舒服的。对于内部知识的掌握，使得人们能从这些仪式中得到满足甚至乐趣。举例来说，以下的几个仪式如果在公认合宜的时间和地点之外举行，便会显得很别扭：

将背后印有大大的数字的球衣扔到空中（篮球运动员退役庆典）。

持枪士兵身着一尘不染的制服一动不动地站在停车场的旁边（在阿灵顿公墓迎接灵柩）。

身着黑袍的中年人排队行进，然后诵读拉丁文（大学毕业典礼）。

有的人只有在仪式中才能旁若无人地唱歌跳舞和表达自我。这些仪式可能包括婚礼、体育赛事、节日庆典。

为你的社群打造神圣的场所

简单来说，一个神圣的场所就是指为特殊用途专门预留的空间。说到对你而言的特殊空间，你或许会想起某件只在那个空间里发生过的事情。除此之外，一些活动也会因为在特殊场所进行而变得更加特殊。婚礼就是一个很好的例子。人们几乎可以在任何地方结婚，但绝大多数人只想在一个他们觉得特殊的场所举行婚礼。

场地对于任何仪式的体验都有着巨大的影响。比如说，我们可以想象一场在纽约宾夕法尼亚车站的公厕里举行的婚礼。无论这对美满的新人身穿什么服装或主婚人是谁，这场婚礼都会给人以脏兮兮的感觉。想象一下，把同一场婚礼放在华盛顿国家天主教堂或纽约市中央公园的绵羊草原举办的情景。如果你跟我所见相同，那么虽然仪式相同，但后者会被赋予不同的意义，也更有分量。

一场仪式所发生的环境影响着仪式的品质以及参与者的情绪。同样，如果你身处罗马的万神庙，即便是父母在背上轻轻一拍或者一个拥抱，或许也会让你感觉不同于一般，这是环境所致。在为你的社群规划仪式的时候，请选择一个对你的社群有重要意义的场所，仪式的效果也会随之大不相同。

你可以将一个空间临时打造为神圣场所，也可以将任何空间临时预留出来（并赋予神圣的意义），只需在遇到特殊活动的时候将这空间指定为神圣场所就可以了。比如说，一个后院或许能用于多种活动，烧烤、运动又或跳"洒水器之舞"①等。但是，当你准备一项对你有意义的活动时，你的后院可以随时被打造成神圣的场所。这可能意味着你将邀请特殊的人，安排特殊的演讲，或是用特殊的方式布置场地。想要打造神圣的空间，使用几种装饰方式你可以轻松做到。任何你觉得合适的方式都可以使用，也不必每次都把这些方式全部用上。以下清单，意在启发你想出为你的社群打造临时神圣空间的方法。

界线 布置一些能够划定空间界线的东西。会员的限制能够界定社群，同样，空间上的界线也能划定"神殿"范围：一小块空地的边界，一道由花朵组成的界线，房间的四壁，或任何能够标志神圣空间特殊内部环境的东西。

邀请 对于仪式有重要意义的人，理应受到特别的到场邀请。他们的到来，会让空间变得神圣许多。

衣着 前往神圣空间时，人们会穿上特别的衣服。这可以意味着盛装打扮，也可以意味着身穿与场合相宜的服装（长袍、制服、特殊的帽子等）。

---

① 一种模仿洒水器的舞蹈。——译者注

灯光 灯光应配合仪式来设计。灯光最好打在人们应当注意的地方，在其他地方则尽量减少灯光，这样是最理想的。还有一种方法，就是在你希望聚焦的地方摆放蜡烛。

声音 在神圣的场合，声音也自然应该有所不同。如果这个场合通常很吵闹，那么此刻安静便显得独特。如果场地平日里混乱嘈杂，那么有悦耳的旋律也显得独特。声音和视觉效果一样，都能够改变空间给人的感觉。

高度 对于仪式重要的物或人应该被置于高处。这既可以是指某人在仪式期间从地面上升到一定高度（比如舞台），也可以单纯指站起身来。比如说，遇到晚餐仪式，领导者站起来敬酒或致欢迎辞。这会让整个空间都显得更有神圣感。

任何领导者都可以为成员创造一个齐聚一堂的"神殿"。在什么时候将什么地方指定为"神殿"，选择权在我们。如果没有指定的正式"神殿"，非正式的"神殿"就很可能自然而然地出现。"神殿"对于成员们有重要的意义，也是他们的价值观和社群价值观的代表，因此，成员们会为到达"神殿"而踏上朝圣之旅，而你也可以由此来识别"神殿"。"神殿"对于外人来说越是神秘和难以接近，进入"神殿"的人就越能感到满足。但是，故意隐瞒会限制成长，也会为参观者和探索者的来访设下障碍。

在CFO这个社群中，加州的全美混合健身比赛就像一座"神殿"。混合健身的运动者聚集在这里比赛、庆祝并分享彼此的故事。许多混合健身的运动员都渴望参加这场全美性的赛事。对于带球比赛或快速跑完长距离比赛的竞技运动员来说，混合健身比赛绝对属于异类。这里的运动员几乎全裸上阵，先是进行奥运举重，再用双手撑地走，然后再进行搬轮胎等活动，甚至落在最后的运动员经常会获得最大声音的加油叫好！对于圈内人来说，这种举动只是他们价值观的一种反映。

几乎所有的大型社群都会打造分支"神殿"，一个社群可以有许多重要性不同的"神殿"。换句话说，单独一座"神殿"并不能算是"珠穆朗玛峰"。简单来说，分支"神殿"就是成员聚集和举行仪式的场地，要么规模比主"神殿"小，要么就设在分支社群中。这些分支"神殿"让较小的组群的成员得以更熟悉彼此，按自己的风格举行仪式，甚至可以将自己与更大的乃至全球性的社群区分开来。

比如说，混合健身的运动员每年都会举行一场全美性比赛，其作用就像一个全美性的"神殿"。除此之外，对于当地的成员来说，各地的健身房就像一座座分支"神殿"。成员们定期在这些"神殿"聚集，进行仪式感很强的运动。在典型的混合健身的健身房中运动，每次用时一小时，包括活力热身、技能训练、力量训练以及新陈代谢调整。

我曾经拜访过康涅狄格、得克萨斯、加利福尼亚的混合健身运动房，我在每个健身房都会发现某种仪式，尽管仪式的形式有所不同。有的训练在某些地点的重复频率较高，音乐的变换就更不用说了。外人或许觉得这种仪式的某些部分匪夷所思，比如说频繁地顶拳、扔哑铃、卧地。而来健身房参观的运动员，无论这里离家多远，只要看到这些，都会产生亲切感。这对于他们来说是一次机会，得以参观和他们同属一个大社群却又身在远方的成员组成的特殊而私密的场所（也就是分支"神殿"）。

之所以跟大家分享这个区别，是因为你所拥有的社群的规模或许过大或者过于分散，只设一个神圣的会场是不够的。考虑一下哪些小型场所可以当作特殊场所使用，以及你希望这些场所有多相似（或有多不同）。对比一下墨西哥城中的混合健身运动员与夏威夷欧胡岛海滩的运动员训练方式的不同，同样，你或许也想将每座分支"神殿"打造得各有特色且适合于其对应的私密团体。

我发现，Twitch 的会员很热衷于在现场游戏活动中与其他会员见面，他们在许多城市策划了小组会面，以便在线下继续联系。换句话说，这些成员打造了自己的分支"神殿"，以便在 Twitch 没有邀请他们参加大型现场活动的时候也能找到自己的社群。

按照本书的定义，线上场所虽然与我们在线下聚集的场所意义不同，但绝对可以算作一种社群的"神殿"。成员们一旦知道自己可以在某个场地找到自己的社群并能够举行对他们而言意义重大的仪式，这个场地便成了"神殿"。大家可能已经知道，能让成员们找到与自己有共同价值观的人的线上场所也为数不少。在第三部分《深层思考》中，我会讨论一些线上社群实践本书原则的具体方法。

一个精心打造而且管理得当的线上社群也可以办得风生水起，但不管如何，线上社群所提供的交流互动和归属感仍然不能与线下见面同日而语。我与 WishList 的创始人斯图·麦克拉伦（Stu McLaren）讨论过这个问题。WishList 是个拥有超过 42000 个在线会员网站的引擎，除此之外，斯图还为许多公司提供关于建立在线社群的指导培训。即便是他，也认为线上社群能做的最有效力的事情就是打造线下的友谊。他鼓励每一个社群每年至少组织一次线下活动供成员参加。另外，他也理解邀请人们到"神殿"与社群成员见面、与人分享故事、彼此学习以及庆祝成功的影响力。

第六章　故事原则

　　故事是人类进行学习的最有效的方式。每个人及每个社群都有许多故事，分享其中某些故事可以加深人们与社群的联系。如果人们不知道（或没有途径了解）你的故事，那他们就不知道或不理解你的社群，无从知道你是谁、在做什么、做的事情有什么意义。故事是现任成员、未来成员以及圈外人了解社群价值观的方式。想让成员理解社群的真正价值观和定位，分享故事必不可少。

　　每一个熟悉某种宗教传统的人，都至少知道几个对于这种传统的定位有着关键作用的故事。对任何伟大的宗教来说，凡是想对其传统有所了解的人，都必须先知道一些故事。比如佛陀在菩提树下的顿悟、以色列人的出埃及记，又如摩门教的约瑟夫·史密斯受天使指引发现了金片的故事。

起源故事

　　起源故事是所有故事中最重要的。从定义来说，起源故事解释了事情是怎样开始的。一个社群不同部分的起源故事可以有所不同，但关于社群创始人是受什么灵感驱动组建社群的起源故事，只能有一个。这个故事必须包括创始人是如何获得新的认识、做了新的事情，并邀请别人加入其中的。

从理论上来说，社群的起源故事都应该是真实的。但所谓"真实"的意义可能与一般所指有所不同。通过选择性地分享和隐去哪些内容，每个故事都有许多种不同的讲述方法。如果起源故事中能包含事实、情感或理论上的真相，通常就会被人认为是真实的。而三者都具备的起源故事，是最有感染力的。

社群的起源故事传递了社群的服务对象，以及提供服务的原因，还有服务方式等信息。更重要的是，这些故事还传递了社群的价值观。在传达价值观上，故事的传播速度是使命宣言或价值观宣言望尘莫及的。随着社群不断发展，社群的起源故事也会随之扩充，还可能会出现新的起源故事来解释现在的社群与之前相比有了什么不同。可以说，所有新的起源故事传递的信息，都是关于社群如何面对新的挑战以及随机应变的。

举个例子。13 年前，12 名新妈妈在当地教堂组织的母乳喂养小组相识，洛厄尔妈妈社群由此而生。这些妈妈很期待在母乳喂养小组之外会面，也很想在小组之外建立友谊。出于方便考虑，她们组建了一个在线社群，以便在照顾孩子、拼车、共享保姆以及做好养育等方面相互帮助。其他的母亲也加入了这个在线社群，更多成员的加入带来了更多相互帮助的资源。现在，十多年过去，已经有成千上万名母亲通过这个平台进行互动、寻求帮助、相互支持，其中还包括许多居住地离洛厄尔很远的成员。

分享价值观故事

除了起源故事，社群中也必须有关于价值观如何表达以及如何影响现实生活的故事。这些故事对于社群定位的阐释，比其他所有因素加起来还要有效。想想你所喜欢的社群，考虑一下这个社群对新成员讲述过什么样的故事，老成员一遍遍分享的故事又是哪些。这些故事，往往代表了所有人都想要具备的价值观。

凯蒂是新比利时酿酒公司的职员。这家公司于 1991 年在科罗拉多的柯林斯堡成立，以其团结协作的企业文化为傲。他们不仅让员工成为公司的主人，也将公司账目公开给全体员工。凯蒂跟我讲了一个关于她的公司的故事，这个故事对她而言意义非凡。

早前，新比利时酿酒公司的领导层试图找到一种方式，以零碳排放或低碳排放能源替代煤电来为公司供能。这种方法的确存在，但需要公司与合作方签订一份长达十年的风电合同，并支付一笔巨额定金。凯蒂告诉我，虽然公司有这笔钱，但公司已经向员工保证过发放年终奖了。在公司为此召开的会议上，创始人向大家解释了事情的原委，然后便离开了。经过一个小时的讨论之后，所有的员工都同意不要年终奖金，以便让公司用上风能发的电。这个故事让凯蒂明白，她所供职的这个公司，愿意选择艰难的道路及采取符合公司环保主义价值观的行动。为了在公司的价值观和实际行动之间保持一致，公司的领导者甚至不惜增加公司的成本。

分享关于脆弱感的故事

就像布琳·布朗（Brene Brown）在大热的《脆弱的力量》（*The Gifts of Imperfection*）一书中所探讨的那样，脆弱感就是指分享我们担心会导致别人拒绝我们的事情。这其中包括了不确定性、风险以及情感袒露。强大的社群会分享暴露领导者、成员甚至整个社群脆弱的一面的故事，包括我们不愿意对世界袒露的失败、恐惧、感情以及真相，因而这些故事有着非凡的意义，能够在社群中形成坚固纽带。如果不分享这些故事，不建立展示脆弱的亲密感，成员和领导者之间彼此联通的感觉就只能停留在表面。

举例来说，在Twitch每月的用户量达到千万时，公司的程序设计总监马库斯（Marcus）担任起用户社群的管理者。几年前，公司在升级后段软件的时候，不小心删除了"Twich神奇宝贝"（TPP）几天的视频档案。TPP是一个邀请Twitch用户一边使用Twich聊天一边玩神奇宝贝游戏的功能模块，参与者超过一百万人。

马库斯解释说，无论从任何标准来看，档案的丢失都是一个巨大的失败。错误被发现后，有几种不同的处理方法。马库斯很自豪地告诉我，公司并没有把问题藏掖起来，暗地里纠正，而是坚守了诚实透明的价值观。马库斯亲自联系了拥有超过15万用户的TPP社群的领导者，承认了档案被删除的事实，也告诉他们，公司已经指派了四名工程师负责恢复丢失的视频，只是还不确定方法以及具体的修复时间。最后这件事的处理花了几个星期。马库斯坚信，无论是在这件事在还是在其他事情上，诚实承认错误都有助于与用户建立持久的信赖关系。

分享个人故事

社群成员需要机会分享自己的故事，无论所在的场所是正式的还是比较随意的（或二者兼备）。这能帮助他们获得自己受关注和被理解的感觉，也能帮助他们认识社群的共同价值观。这些故事往往会讲述人们所面临的真正挑战，以及这些挑战如何塑造了讲故事的人当下的品性。

想一想最让你有归属感的那些社群。我猜，这些社群中一定有机会让大家聆听和分享故事，甚至为此设有非正式的集会。这些故事或许是大家人生体验中最重要的部分，或许涉及了某些成员如何从病中康复，如何战胜悲伤，如何完成一个困难的项目等。或许，在某些社群中，分享故事是一种为社群投资的方式。如果你的故事对你而言足够珍贵，就有可能为社群带来巨大的变化。将你自己的一部分托付给社群，这会让社群更像是属于"你"的。

我的朋友艾米丽在一家著名的电影工作室工作，我们就假定这家工作室叫"海王星工作室"。最近，她给我讲述了公司的一位中层管理者（并不是总裁）的女儿患病的故事。

这位管理者的女儿被查出患有一种神经性疾病，这意味着她会在接下去的人生中逐渐丧失身体功能，最终无法自理。这种病虽然没有方法治愈，但一直有研究者在寻找治愈或至少能够对病情有所缓解的疗法。

工作室的电影制作人都想为此贡献一己之力。工作室的许多艺术家都曾塑造过世界知名的角色和故事，他们聚在一起，将数百件私人作品放在海王星工作室进行慈善义卖，想打造一场私人作品的拍卖会。听到这个消息，公司的管理层同意提供资源支持活动。这次拍卖为患病孩子的治疗募集了相当可观的资金。这个故事告诉艾米丽，海王星工作室的社群不只关注制作电影和挣钱。她所供职的，是一个人们彼此关爱且愿意为助人而投入大量精力的地方。这让她感到安心，且每天都能更投入地工作。

如果你现在正归属于一个对你而言很重要的社群，那你或许还没有认识到，像上文中这样的故事能让你感到与社群联系更加紧密且更能融入其中。抑或，你已经意识到了吧。无论怎样，在邀请别人加入我们最珍视的社群时，给他们一个机会聆听或分享最有意义的故事，这会为社群带来巨大的变化。你们甚至可以在一起喝咖啡，围着篝火团坐，或爬山时分享故事。那么，你的成员是怎样聆听和分享故事的呢？

第七章　符号原则

符号是建立社群强有力的工具，因为符号能够快速提醒自己在社群中的价值观、身份以及义务。使用符号是一种让社群变得更强大的方式。符号代表了一系列的理念和价值观，也就是说，符号通常会同时代表许多内涵。符号非常方便，可以代表千言万语。

任何东西都能够成为一种符号。在道教以及佛教的一些观念传统中，符号一般更抽象一些。比如，阴阳两极代表了看似对立实则互补的事物。在基督教和锡克教的神学传统中，符号往往是从经典故事中提炼出来的。基督教的十字架来自基督受难的故事，锡克教中的左右弯刀代表保护弱者。在任何一种传统中，不同时期、不同地点会产生多种符号。简单到改变长袍的颜色或戴上一块头饰，都可以作为特殊时期的标志。

一个社群的符号远远不只是代表一个词语、一种理念或一段记忆的一幅图像。实际上，社群的符号最好不要过于浅显易懂。浅显的符号留出的诠释空间很有限，难以代表不断演进的诸多理念。比如，和平护卫队的圆形标志（图1）就代表着全球的和平护卫队社群，现存的和以前的都囊括在内。这个标志中有一面美国国旗，旗上有一只鸽子。根据我的了解，和平护卫队的美国国旗中并没有鸽子。请注意，这个标志中并没有出现挖井的美国人或在课堂上教书的美国人。如果真是如此，这附加上去的肤浅解释就会使符号的威力削弱。

我们也可以想想美国海军陆战队的官方徽章（图2），上面是一只栖于地球上的雄鹰，口中衔着一个锚状物。很明显，这个符号并不浅显易懂。许多海军士兵都将这个符号文在了胳膊上。如果你询问和平护卫队的志愿者或海军陆战队士兵这些符号对于他们的意义，不同的团队给出的答案会有所不同。但是，无论这些答案有多不同，对这两个组织的成员来说，这些符号都是他们的社群以及一系列价值观的代表。

图1　和平卫队标志　　　　图2　美国海军陆战队徽章

社群往往会使用多个符号，实际上这不可避免。一些符号会自然而然地出现，另一些则可以设计和挑选。符号往往会参考社群历史中有着重要意义的某段故事、某个地点或某种工具。最重要的是，要认识到符号的威力以及成员们对符号的重视。符号可以成为极有效的工具，让人记起自己的身份、所做的事情、意义何在。问问你自己，你的社群正在使用的符号是什么？如果尚没有符号，那么，你的社群符号准备包含哪些因素？

作为符号的信物

一件信物就是一种赠予别人留念的符号，用来代表一种理念、一项活动或一套价值观。信物往往能提醒人们回忆起某项成就、归属感或忠诚感。信物深得人们的喜爱，领导者或同伴在仪式上赠予的信物，往往意义非凡。

很多人都从自己的社群得到过（正式的或非正式的）信物。有的时候，信物是我们主动取得的，纪念品就属于这种。别人交给我们的信物则有着更深刻的意义。信物的给予者通常会对信物的价值产生影响。比如，假设纳尔逊·曼德拉赠给我一枚南非兰特作为感谢，这枚硬币对我的意义就要比一大堆从表面来看更有价值的谢礼深刻许多。

在赞比亚完成和平护卫队的培训之后，在我们的训练员及和平护卫队的工作人员面前，一位美国国务院外交官在庆典上带领我们正式宣誓入队。会上，他在我们每个人的上衣翻领上别了一枚印有和平护卫队队徽的别针。这场庆典，是见证我们从培训生到和平护卫队志愿者的进阶仪式。特殊人物的到场，以及我们正装出席（至少按和平护卫队的标准算是正装），让这一刻变得神圣而庄严。

每一枚别针都成了我们可以保存的信物，用来提醒我们不要忘记自己的入队仪式、在社群中的成就、付出和归属感。这些别针并不贵重：在庆典开始之前，每人买 100 枚别针都没问题。但是，作为信物赠予我们的别针却变得意义非凡。

我的朋友乔尔是一名搜救犬训练员。他告诉我，当某个小组为军队或政府的团队做出贡献时，这个团队会被赠予一枚"挑战硬币"作为谢礼。这枚为小组特别定做的硬币通常会印有小组的队徽。很显然，这些硬币几乎没有什么交易价值，但对于受领者却非同小可，因为这些硬币的授予带有一定的目的和意义，包含了感激以及尊重。

在关于英雄逐渐成长并获得力量的神话故事中，经常会有睿智的长者将信物交给主人公，帮助其走完旅途。在信物被赠予主人公的时候，其价值尚不明显。但进入旅途之后，信物协助甚至挽救主人公的威力便逐渐显现出来。在我们的生活中，标志性的信物有着同样的用途。这些信物代表了我们的长者或同伴慷慨赠予我们的智慧、支持和教诲，它们可以在旅途之中助我们一臂之力。这些信物提醒我们，他人正在为我们加油鼓劲，希望在我们的生活中给予支持。

想象力有多大，信物的数量和种类就能有多多。但信物与一切事物相同，数量超过一定程度，价值就会被削弱；如果太少，又不足以提供其所具有的威力。你需要选好时机以及挑选合适的信物，帮助他人铭记他们在社群中的归属感、成就以及付出。任何东西都可以作为信物，比如别针、围巾、勋章、旗帜、证书这些常用的物品。就算是一枚小小的石子，通过一种神圣的方式交与别人，也能够成为一份完美的信物。赠予社群的信物，应当代表社群的价值观。

许多信物在被我们指定为信物之前都是被人忽视的。信物与仪式相似，因为二者在最初被人创造和受人欣赏的时候可能都还没有被作为信物和仪式看待。它们起初单纯是实用的物品和活动，假以时日才可能具备丰富的内涵。比如说，当我的祖母不能再举办感恩节聚餐的时候，她将特殊的餐盘传给了我的父母。这些最初只用于盛放食物的餐盘，变成了代表聚餐、家庭、交流、欢迎以及某种程度的权力的信物。领导者可以注意日常生活中的哪些物件充满了深远的意义，并可以将这些物品当作信物传递下去。你可以直接用一件新物品来代替旧物品，以便旧物品作为某种标志保存下来。一支用来签名的钢笔、一只用于祝酒的玻璃杯，或一顶在进行重要探险时所戴的帽子，都可以拿其他物品代替并作为信物传递下去。

信物因为被赠予他人而具有了重大的意义。不要忘了，赠予者可以在信物中注入价值。如果能真心实意且目标明确地将信物赠予他人，信物在物质上的价值就完全无关紧要。要想发挥信物的威力，我们可以使用以下几个简单的原则。

意图： 告知受赠者你赠予信物的原因。

标志性： 告知受赠者信物对你代表着什么。

联系未来： 告知受赠者你希望这份信物能够对他提供怎样的支持，让他做出怎样的改变，或如何服务于他。

斯黛芬妮，我将这些烛台赠予你。我们在这里举行的一百多场晚宴，一直使用这些烛台。至少有一千人曾经围绕这些烛台浇灌友谊之花。之所以给你这些烛台，是因为我知道这些烛台会为你所用。我知道，你会将人们召集到一个友善的环境中，鼓励大家彼此交流分享。这些烛台代表了热情好客，以及为大家营造的齐聚一堂的空间。我希望这些烛台能让你的空间变得更有欢乐气息，并提醒你记得，即使看不到成效，你的努力仍然是有价值的。

第八章　内圈原则

　　每个人都想成为某个人或某些人眼中特殊的存在，每个人都想被人重视，想要有价值。因为这会让人感觉就像成了奥斯卡获奖者、奥林匹克运动员或诺贝尔奖获奖者这些精英团队中的一员。除了正式成员组成的正式内圈，非正式的内圈也有很多。我们都渴望跻身某个负有盛名的内圈之中，或许并不只是为了得到权力和尊敬，也是为了找到新的方式参与集体活动并做出贡献。这种渴望的力量非常强大，让我们很难满足于现在所身处的圈子。但是，每个人渴望加入的内圈是什么，愿意为"入圈"做些什么，这是因人而异的。

　　至今，我尚且没遇到任何一个不包含某种内圈组织的灵修传统。我所听过的关于内圈的最美好的描述，来自我的朋友——藏传佛教法师苏亚戴斯喇嘛（Lama Surya Das）。他说，在他的宗教传统中，这些圈子可以排列在一个曼陀罗（Mandala）上。所谓曼陀罗，是指一种圆形的符号或图形，代表了包含物质与非物质层面的完整宇宙。一位旅行者深入社群的一段路途，可以被描述为从外部进入内部再深入神秘或微妙之境的旅程。这段从外围进入内圈的旅程，可以用以下方式描述：

感兴趣的探索者

学生

加入社群的成员

实习者

宣誓的居士

宣誓的侍僧（助手）或新信徒

宣誓的僧侣

上师以及圣贤

这种层级看起来像等级分层，实际却不然。曼陀罗中的每一个部分都是中心，每一个部分都彼此相连。"中心"或是曼陀罗的正中点，"要比曼陀罗之外所有的空间都要大"。换句话说，那些进入了最尖端的内圈的人们会发现，在这个中心，万事万物都是连为一体的。新成员考虑的是他们能从这项传统中收获什么，而身处中心的上师和圣贤，却牵挂着宇宙中的一切生灵。

通常来讲，几乎每个人都想进入内圈之中。当我作为一名年轻的纪录片制作者住在纽约的时候，我渴望加入专业纪录片制作者的内圈。这是一个非官方的圈子，在纽约市的特定地点活动，圈内人共同参加工作坊、电影节、研讨会等。然而，我在成功进入这个圈子之后，却意识到自己真正想要跻身的，先是PBS电影制作者的圈子，然后是一个由作品受到专人赞助的电影人组成的圈子，接下去是一个由国际获奖影人组成的圈子，再接下去是一个作品在电视等媒体上进行全球发行的影人组成的圈子，最后，则是奥斯卡获奖电影人的圈子。

我曾经认为，每个层层递进的圈子中的成员都能让我学会更多的东西，让我拥有更多的智慧，助我接触更大的权力，更好地理解如何达成目标，甚至更为有趣。很明显，这样的想法并不正确。这些都是非官方的圈子，不设团队领袖、选举委员会、会员卡或年会。但是，我仍然渴望不停地往圈子里钻。无论怎样，我都将这种进步看作我个人成长的一种反映，甚至觉得这对我不断进步意义重大。我想得到证据，证明自己正在变成一个越来越有成就的电影人。在当时，加入这些非官方的内圈，是一种评估我个人成功的方法。

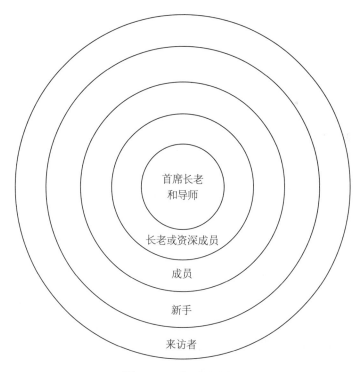

图 3　不同级别的内圈

永无止境地追求下一个圈子，可能会成为一个危险的陷阱。想在成熟而正规的社群中接触内圈，有一种更能给人满足感也更为健康的方式。成熟的社群会创造出不同级别的内圈（目的不在于培养趾高气扬的势利小人，而是为了满足不同的需求），成熟而坚固的社群会提供不同级别的内圈供成员们参与。在每一个级别，成员们都可以获得一些有利于自己成熟或成长的东西。这可能是新的渠道、知识、权限、认知或尊重等。不同的组群可以用很多不同的方式来为这些内圈命名。常用的递进层级大概是下面这种形式，但具体名称或有不同：

来访者

新手

成员

长老或资深成员

首席长老和导师

在我们举行系列晚餐的社群中，各个圈子是这样命名的：

搜集信息的人（来访者）

晚餐客人（新手）

志愿者（成员）

晚餐负责人（资深成员）

负责人/领导者协调者（长老）

主办人（首席长老）

　　一个社群可以自行判断合适的内圈是什么样的，应该有多少个。很显然，在某些情况下，内圈问题是毫无意义的：想象一下，一个只有 10 名成员却有 3 个内圈的社群是什么样的吧！但即便是小型的组织，也会出现几个非正式的内圈。

　　重点并不是让每位成员都追求进入内圈。在我们的晚餐社群中，并非所有的成员都想成为晚餐负责人。一些成员安于待在自己喜欢的层级中，这一点问题也没有。一个人在生活或社群中的成功，绝不应该只参考此人是否在往更加私密的圈子一步步靠近。

　　强大的社群会提供一条持续进入内圈的途径（进程）。尽管一些成员会主动选择停留在某个特定的层级，但成熟的社群仍会提供让成员们进入一系列内圈之中的机会。在最理想的情况下，这种进步反映了一条通往成长或成熟的途径。

　　即便是那些以自行车骑行、体育运动、晚餐派对这种共同兴趣或技艺为基础的社群，也仍然遵循这一规律。成长的方式可以是技能或比赛成绩上的进步（比如自行车比赛、风筝制作或造船技术）。对于技能进步的评定，也是一种审视跨越层级不断进步途径的方式。但将技能上的进步（比如制造出飞得更高的风筝）作为衡量标准不免肤浅，这或许能够用于组织团队，却不能用于组织社群。

　　最具震撼力的途径，反映的是对于他人的关爱的不断"成长"。在这种层层递进中，我们不断减弱对自己的关注，对别人的关爱却像不断扩大的

"波纹"一样逐渐成长。有趣的是，我们所属的圈子越小越私密，我们对于他人的关爱就越广博。

> *来访者*：或许不关心任何人，只是来寻找新奇或有趣的体验。
>
> *新人*：只关心自己，希望取得个人成就和认证。
>
> *成员*：关心自己的同伴，为团队谋求成就和尊重。
>
> *长老或资深成员*：关心社群中身处各级的所有成员，希望整个社群赢得成就和尊重。
>
> *首席长老*：关心整个世界，努力帮助来自全世界的人融入社群之中，并为创造一个生机勃勃的世界而努力。

并非所有的社群都有以全球视角看待社群的首席社群官，但最受人尊敬的社群大多有这样的首领。带着这个理念，我们再一次回忆我们晚餐社群的例子。以下描述显示了每个层级所需的最低成熟度。如果一个成员没有达到层级的最低标准，要么无法升级，要么即使升级也仍不称职。以下例子强调，只靠技能，并不足以使某个人在社群之旅中进入下一级内圈。

> *信息搜集者（来访者）*：对任何人都不关心，只是来搜集系列晚餐的信息。
>
> *晚餐客人（新手）*：只关心自己能否在晚餐中得到享受。
>
> *志愿者（成员）*：想让客人拥有美好的体验，或许自己也想学些技能。

晚餐负责人（资深成员）：想让志愿者和客人从体验中有所收获。

负责人/领导者协调者（长老）：想要所有的负责人/领导者、团队以及客人收获价值和乐趣。

主办人（首席长老）：想让活动的所有参与者从中收获价值，也希望系列晚餐能够丰富活动所在的社群并对未来产生影响。

1984 年热映的电影《龙威小子》给我们提供了很好的范例，让我们看到向内圈跨进为何是一段通往成熟的旅程。这部电影讲述了一个名叫丹尼尔的男孩的故事。丹尼尔想找一位空手道大师拜师学艺。开始的时候，丹尼尔只是空手道的一位来访者，他想学习自卫。教授武术的人就像是看门人，把控着进入这个传统的内圈的关口。丹尼尔跟两位师傅习武，一位是镇定自若的宫城健介，一位是气盛好斗的约翰·克里斯。在丹尼尔的恳求下，宫城答应做他的师傅。不过，丹尼尔练功的任务不仅奇怪，而且看上去毫无意义：宫城指导丹尼尔终日训练心智，比如绘画、磨砂、洗刷。在丹尼尔完成了数日无聊而痛苦的训练之后，这背后的智慧才得以揭示。原来，宫城是在鼓励作为新手的丹尼尔，在理解和相信动作之中隐藏的价值和哲理之前，要先把动作做出来。

训练背后的哲理被揭示后，丹尼尔已经通过这种训练锻炼了空手道肌肉记忆，这时的他，俨然成了一个内行。为此，宫城赠予他一条头巾，作为标志新身份的信物。丹尼尔完成训练之后，宫城又给了他一套背上绣着盆栽的比赛服。这套衣服，是由长者赠予的、标志丹尼尔从学生转为比赛选手的信物。在接下来的挑战中，丹尼尔一直将这身衣服穿在身上。

在电影的第三部分，丹尼尔参加了一场空手道比赛。有人问他的段位色带，意在判断丹尼尔是不是资深内行。作为大师的宫城向比赛的工作人员保证，丹尼尔是一名黑带选手（资深成员）。作为空手道社群的守门人，宫城有权证明丹尼尔的资格。虽然其他比赛选手的经验更为丰富，但丹尼尔还是进到了决赛。在整个比赛过程中，他是唯一一位戴着日本太阳旗头巾的选手。这是他从训练中得到的信物。

在半决赛中，发现丹尼尔有夺冠势头后，另一位师傅克里斯指示他的学生"绝不心慈手软"地伤害丹尼尔。学生们照做了，最终，带着一条伤腿的丹尼尔仍然以神鹤引颈踢摘得了冠军。人们将他高高举起，所有人都将他视为成熟的资深内行。我们不仅看到了他的成长，同时也发现，在面对曾经让他措手不及的威胁时，他不仅能够自卫，而且有能力保护他人。

最有趣的是电影对这两位空手道师傅的表现手法。观众们可以看出，宫城才是真正的大师，因为克里斯只对自己团队的利益、成功、名望感兴趣，对别人的福祉明显不屑一顾。这一点，从第一幕中克里斯拒绝让自己的学生尊重丹尼尔就能看出来。另外，他对整个空手道社群也不以为然。我们之所以知道这些信息，是因为他让自己的学生在比赛中伤害丹尼尔。我们由此看出，克里斯实际上只是一个假装大师的幼稚成员。他虽身怀武艺，却没有成为真正大师的那股成熟。

相比之下，宫城在丹尼尔初来乍到时就保护他，且关心每一位空手道比赛选手。在电影的续集中，宫城在克里斯的学生受到克里斯虐待时出手相救，让我们明确看到了他对所有人的关爱。观众和空手道比赛选手都能看出，宫城才是真真正正的大师，不仅因为他武艺高超，更因为他广博的爱心以及慷慨。另外，我们也深感，丹尼尔选择的道路是正确的。如果继续跟随宫城习武，他在心智上的成长便会远远超出体能上的成长，终将成为一位真正的大师。

不过即便是大师（或首席长老），也无法掌握"所有的"知识。宫城或许会说，在丹尼尔师从于他的时候，他也从丹尼尔身上学到了东西。而克里斯是不会承认学生可以教他任何事的。一位真正的大师在育人的时候，同样能够从新手、成员以及其他人身上学到东西。大师学到的东西与新手所学的东西有很大不同，新手教的东西与大师教的东西也大不相同。

跋涉通往内圈的旅程，我们同时也是在创造传授经验的机会。在进入越来越窄的内圈的过程中，我们希望通过新的方式来传递个人以及社群的价值观。这一点，可以通过创造更多的机会进行某项活动、打造某项传统或向别人传授经验、知识来实现。最理想的通往内圈的旅程，能够教育我们用关爱之心对待不断扩充的外圈成员，出于这个原因，高级别的内圈必须给成员提供一个教育他人的机会，不仅传授技能，还要传授能够帮助成员在心智上获得成熟的价值观和理念。在这一进程中，我们不仅从别人那里学到了东西，也教授了别人东西。正因为如此，创造指导和被指导的机会才如此关键。

对于一个健康且不断成长的社群来说，进入内圈的路径一定要清晰明了。无论是本质如此还是人为所致，这条路兴许都不好走。也正因为门槛难进，内圈才有其私密性。你不仅要让那些愿意付出和愿意学习的人认识到通往内圈的路径，也要让这些路径能够为这些人所用。比如，想在我们的晚餐社群中得到提升，参与者就必须遵守约定的时间、筹划一顿晚餐、招募志愿者、出资赞助一顿晚餐并主持一场四小时的餐会。如果一位志愿者能够做到这些，他就能够成为受到全员认可的晚餐负责人。

无论进入内圈的路径如何，都应该有助于推动成员的成长，并有一套能够衡量这些成长的评定标准。比如，可以让较为资深的成员进行非正式的教授，或由领导者进行正式的评估。一些新的成员可能在技能和成熟度上比任何同级别的成员都要更胜一筹，这些成员应该通过与他们的水平相符的途径以更快的速度进入内圈。在尊敬每个圈子价值观的前提下，成员们有权以自己的步调前进。如果强迫每个成员都以完全相同的步调前进，那么对于时间的重视就超过了对于成熟度的重视。这样不但枯燥无味，也无法给人以激励。有才华和技能的成员会因此而感到泄气，极有可能选择离开。这一点，对企业而言尤为重要。有能力的人才想知道如何在公司或自己的领域不断前进，一旦在组织中前进的路程不甚清晰，这些人便会到其他地方寻找出路。

危险的内圈陷阱

正如我在引言中解释的一样，1944 年，C.S.刘易斯在《内圈》这篇演讲中解释了追逐内圈的诱惑和危险。内圈是一个螺旋式的循环，将我们从一环拉到另一环，这就是内圈的陷阱。一旦到达了一个圈子之中，我们就不可避免地想进入更加高级（也因此更吸引人）的下一个圈子。

从人们想要跨入这隐形界线之内的渴望中，我们可以清楚看到这条法则。只要受到这种欲望的驱使，你就总也得不到自己心心念念的东西。这无异于剥洋葱：如果成功把洋葱剥完，只会一无所剩。如果不克服作为一名圈外人的恐惧，你就永远是个圈外人。

举例来说，精英学校的入学通知其实就是一份进入内圈的邀约。但是，当我们来到学校，却发现那些酷酷的孩子已经组成了一个更高级、更私密的内圈。加入这个圈子之后，我们发现其中还有另一个由学生组织领袖、美国总统奖学金获得者或运动健将组成的更私密的圈子。在这个圈子之内，我们又发现了一个由成绩斐然的学生组成的更小的圈子。在这个圈子里，还有另一个由社团主席和毕业生组成的更小的内圈……内圈是没有尽头的。即便成了一国的领袖，我们还是能发现一个由获得诺贝尔奖的世界领导人组成的更小的内圈。更私密的内圈永远存在，因此我们的目标永远也无法实现。如果不认识到这一点并有意付出努力，我们就会跌入一心想脱离当下环境的自造的陷阱中。

我的朋友帕特里夏告诉我，她刚进耶鲁法学院时听人说《法律评论》（Law Review）这本学术期刊的工作机会享有盛名，奥巴马总统就曾经供职于这本期刊！这工作听上去让人眼前一亮，她立即就想加入这个私密的团体。在接下来的几周，她想清楚自己希望在法学院学到什么东西，以及毕业之后想做什么。她希望能在捍卫国际公平公正的有关领域就职，对这个领域来说，在《法律评论》的工作机会对她的帮助是不能与其他机遇相比的。除了可能让她成为精英圈子的一员，这并不是投资时间的一个很好的方式。她告诉我，切断《法律评论》内圈的诱惑，转回来追求真正能给予她灵感和激励的事业，作出这个决断着实不易。

刘易斯说过，单独来看，内圈本身并没有什么问题，不过是由渴望彼此沟通的人们形成的某种组织。他提醒我们提防的，是我们不断追求新的圈子时永不满足的欲望。一旦认识到这种欲望的存在，我们就可以选择将其斩断。

有一种方法可以让我们逃脱内圈的陷阱。刘易斯推荐我们参与某项喜欢的活动，并经常去做。他举的例子是演奏乐器，我们可以邀请其他有兴趣的人和我们一起演奏。随着聚会次数的增多，我们彼此之间会建立一种不再渴望置身他处的情谊。这种情谊就叫作友情，也是一个社群真正的根基。记得我们对于社群的定义吗？所谓社群，是一个成员关心彼此福祉的组群。组建一个培养友情的社群，我们就能创造出自己渴望的东西并获得关心彼此福祉的朋友。从外人的视角看，这或许是一个私密的内圈，但我们自己知道，这个圈子对所有与我们有共同价值观的人敞开，即便这一价值观只是重视与我们一起演奏音乐。

将我们从内圈陷阱中拯救出来

我们的社群之所以必须为那些与我们有共同价值观的人提供明确的个人成长途径，就是为了避免内圈陷阱。这种方法，能够避免我们劳而无功地创造让人无法触及（也毫无意义）的内圈。如果我们能够有意在社群中以我们的核心价值观为基础建造内圈，并邀请一切有共同价值观的人参与进来，那么我们就是在打造一片友谊的天地。比如，在刚开始系列晚餐会的时候，我们向校内校外的人士都发送了电邮。凡是能提早预订位子的人，都可以参加。在前四个月中，常客们逐渐显现了出来。他们帮助我们摆桌子，知道我们的用具放在哪里，也会帮助我们推进整晚的活动。最后，常客中的一部分开始为晚餐挑起大梁，我们将这些人叫作晚餐负责人。活动进行了几年，系列晚餐的规模增长了许多，我们的朋友阿尔詹开始做协调工作，而管理工作则交给了山姆。

研究生、本科生、教职员工、行政管理人员、客座讲师、神学家、医学博士、记者、人权活动家、伦理学家、诗人以及火箭科学家，全都加入了我们。我发现，对学生来说，能花三四个小时的时间坐在那里毫无目的也不受打扰地与人沟通，这样的机会极为少有。对许多人来说，这些晚餐成了他们大学生活中的亮点。第二年的时候，发生了一件有趣的事情：考特尼和比约恩这两位常客告诉我，当陌生人得知他俩参加过"展望街的晚餐"时，总会问他们如何受到邀请，以及如何加入在这个外人看来明显是内圈的组群之中。这件事让我们的几个成员感到颇为好笑。我们这才发现，这个由共享晚餐的简单活动衍生出来的聚会，在外人看起来的确像一个私密的内圈，实际上这是一个随时欢迎更多人加入的友谊社群。我们也因此知道，我们必须要下功夫打造一套系统，让每一个在我们的公众网站上提前预约的人都能加入！如果想对我们的系列晚餐社群有更多了解，附录B中有我与大家分享的更多信息。

执事圈

一个社群可能由许多不同的内圈构成，其中一些内圈会自然而然地过渡到其他圈子。比如说，在飞行员中可能存在一个由机长组成的更为私密的圈子。在这个圈子里，可能又有另一个由飞国际航线的机长组成的内圈。当然，也有的内圈中不包含更为私密的圈子。比如，我的妻子是一个由身在奥克兰的柬埔寨职业女性组成的社群中的一员，这群女性成员形成的社群只存在一个圈子。不过在以后的日子里，组群的扩大或许会使更多内圈的形成变为可能或者必须。绝大多数成熟社群至少拥有一个圈子以上不同层级的圈子，我将这些圈子称为"执事圈"。就像"神殿"和"仪式"这两个词语一样，"执事"这个名称虽然来源于灵修社群，但也可以在所有种类的社群中使用。

执事是指社群中比其他成员拥有更多权力的人，按道理，他们对于社群的了解也应该更深刻，但这只是理想情况。执事们的理念要比其他成员的理念受到更多的重视，执事圈的成员全都是长老和领导者。上文中提到的守门人也是执事圈的一部分，很明显，他们拥有更多的权力。在现实中，你的成员之所以尊重执事并承认其合法性，很可能是因为他们相信领导者是他们的朋友，或者有可能成为他们的朋友。之所以有这样的认识，是因为成员们明白，执事圈就是他们所珍视的社群价值观的体现。

一定程度的权威或许会起到积极作用，但也可能被滥用。这两种情况大家都有过目睹。当领导者不再将帮助成员成长作为优先事项，而是觉得自己永远不会犯错，不允许别人对他们的道德正确性进行质疑，危险往往也就出现了。执事圈的非正式权威和正式权威涉及三个领域——

保护界线：执事们有从社群中驱逐某人或不允许某人进入社群的权力，在理想的情况下，这背后的原因应当是此人的价值观与社群价值观不符。

主持仪式：执事们的出席可以让仪式变得重要或增加仪式的分量。这些仪式可以包括入会仪式这样的正式进阶仪式，也可以包括非正式的庆典。

社群价值观教育：由执事们传授社群价值观，要比其他成员传授价值观更有影响力。

想一想那些你所重视的社群。无论社群是否有正式的组织，在这三个领域一定有比其他人拥有更多权威的人。抑或，这三个领域全都由单独一人负责的情况也存在。

在一个社群中找出执事圈的方法有好几种。在非正式的社群，或许不设有能帮助外人辨识执事圈的头衔。有的社群甚至以不指定官方执事圈为荣。然而，一个成熟而强大的社群总会设有某种形式的执事圈。成员们或许只会用人气高、受尊敬、有影响力或"重要人物"这样的词语来称呼这些人。通常，你可以通过回答下面这些问题来辨认执事圈：

谁有权力将某人从社群中开除？

谁有权自行决定让某人参与社群？

谁的出席会让一次简单的聚会变得更重要或更令人期待？

哪些社群成员能让其他成员（几乎所有成员）言听计从？

谁的智慧和洞见会在社群中被反复传颂？

谁有权批准或推进能够改变社群的理念？

少了执事圈，问题就会出现。有的社群给予包括来访者在内的所有成

员以平等的话语权，并以此为荣。这背后的一部分原因，是为了确保没有
人被忽视或得不到聆听。最不受重视的成员也可以提出好的创意和推动社
群的发展，这么说一点也不为过。年轻的社群往往就是这样起步的。但是，
随着社群规模的扩大、所做事情的增加以及哲学价值观的成熟，严格的平
等主义是会带来问题的。从一定角度来说，并非所有理念都有着同等的价
值。比如，对社群的历史了解不深的新成员，就可能提出社群已经尝试过
且多次失败的建议。

少了执事圈，我们就没法将爱因斯坦一样的人才的贡献与一个乡下酒
鬼的贡献区分开来。如果你在审视二者身上投入了同等的时间和精力，就
会让整个社群感到愤愤不平。不仅如此，来访者们也看不出这个社群到底
有没有能力将爱因斯坦和酒鬼区别开来，这样一来，他们就会对社群的价
值观产生疑问，并最终渐渐远离。还有一个更为危险的可能性，那就是有
的成员开始提倡那些与社群价值观相悖的理念，比如暴力、排外、种族歧
视或仇外情绪。没有了执事圈，规模较大的社群就无法理直气壮地告诉外
人，这些激进分子并不能代表社群的核心价值观。执事圈有权强化社群的
界线，以强制激进分子脱离社群，也许他们可以另辟自己的独立社群。

无论执事圈是否正式，认识执事圈都很重要，这是因为，新成员和逐
渐成长的成员都希望了解社群的价值观以及所接受的对象是什么（比如说，
一个符合什么样标准的人才能加入社群）。没有了执事圈，来访者将无从了
解社群所代表的东西（或者到底有没有这样的东西）。他们分不清，在社群
中发出指示的到底是无知的乡下酒鬼还是社群的道德脊梁。在执事圈里存
在一个常见的循环：非正式的权威人士升级为正式的权威人士，然后再分

裂出来，在新的社群中重新开始循环。随着社群的成熟，对于执事圈的需求也会逐渐增加。

我曾提到过我的朋友阿曼达，也就是"洛厄尔妈妈社群"的成员之一。阿曼达很享受从她所在的组群中得到帮助，也很愿意为组群提供支持。她尤其喜欢通过在公园见面或去家里串门的线下方式跟她们见面。随着时间的推进，这个以小规模在线社群形式起步的团体迎来了其他母亲的加入，而越来越大的成员规模带来了更多成员彼此共享的资源。如果加入社群的是刚生完孩子的母亲，她们就会被放进较小的组群（也就是内圈），以便讨论与新生儿相关的话题。目前该社群成员的规模已经达到了数千人，其中一些成员的居住地离洛厄尔很远。管理在线平台的母亲以及论坛的管理者们组成了正式的执事圈，而她们没有经过选举，社群的现任成员甚至不知道这批人是如何成为社群的权威人士的。

后来，社群的网上领导者认为社群规模发展得太大，于是宣布将取消所有居住在洛厄尔之外的人的成员资格。大家可以想象，这个决定引起了多少成员的愤怒，一些人不甘心仅仅因为住址就被拒之门外，其他人则不愿意为了一个看起来微不足道的理由而和朋友失去联系。

这听起来是一个领导者的关注点（距离远近以及管理的便利）与成员的关注点（参与与支持）有所不同的典型例子。阿曼达解释，为了应对这次剧变，她的内圈中的妈妈们将线上建立起来的关系转移到了另一个社交网络平台上。在那里，洛厄尔妈妈社群的领导者们再也无法将与阿曼达的内圈意见相左的规则（根据社群价值观得出的）强加给她们了。阿曼达的圈子有了自己的领导群。虽然她认为自己并不是从社群里分裂出来，但我觉得这看上去绝对算分裂事件。

随着时间的推移，几乎所有社群的价值观都会不可避免地发生改变：变得更加包容或更加排外，在优先事项的选择上或制定更有野心的目标上也有所不同。关于价值观的争论必将提上日程，宣扬新价值观的新的非正式执事圈也会由此出现。如果正式的执事圈认识不到非正式执事圈的重要性，分裂就必然出现。这并不一定是坏事，可能只是意味着有不同价值观的子群选择了别树一帜罢了。为了避免分裂，执事圈必须不断适应社群中不断演进的价值观。发展到一定时期的时候，新的价值观或许无法再与原来的社群相适应。在这种情况下，允许一部分成员离开社群不失为一种最好的选择。

成熟的社群能够引领成长

成熟而强大的社群能够为成员提供机遇，让他们学会通过一定的方式获取成功。也就是说，社群会帮助成员以他们理想的方式获得成长。社群提倡成长，或许还会明确地为成员的成长提供指引。这里所说的成长，可能是越来越有效地把控生活的方方面面，也可能是某一项具体技能或生活的某一方面有所提高。

比如说，社群可以帮助母亲、创业者，或荒野飞行员实现各自的成功。强大的社群可以培养成员获得凭一己之力难以取得的成果。这种培养的源头，是一个成员凭自己的力量无法接触或掌握的知识智慧库。因此，在一个强大的社群中，成员们必须要明白如何学习别人所拥有的知识。所用方法可以是非正式的（通过与其他成员共处），也可以是正式的（私人课程、集体课程、学徒训练）。在成员们认为社群不能在获得成功方面给予他们指导时，他们的忠诚十有八九会渐渐消退。还有一种情况，成员们虽然觉得加入社群能够帮助他们取得成功，却不理解社群如何帮助他们成功，或不知道该如何利用社群的智慧、培训、教师、导师。如果是这样，社群也会被削弱。

社群的成员希望得到社群长老的指导（也想与他们共处）。因此，让长老得到指导别人和自身学习的机会，这一点非常重要。长老是技能知识、社群健康以及成员专用知识的源泉。他们可以采用组织课程和静思等正规的方法，也可以选择自由谈话和私人邀请等非正式的方式。想象一下，如果上文中那座大型市内教堂的长老或资深成员能邀请新成员参加晚宴，组织指定者才能参加的散步，或传授教堂的激进主义形成历程的课程，那么来访者的体验将会多么不同。如果这样，这个社群一定能发展得更加壮大。

作为一个纽约电影人，我加入过几个纪录片电影小组。社交活动、电影放映、小组座谈会，这些我都参加过。我渴望在电影人这个角色中得到成长，想要从国际纪录片制作者那里获取经验和智慧。不了解的事情我无法掌握，我知道的是，只有通过接触经验丰富的老手，我才能够获知那些我不了解的事情。在参加这些活动的时候，如果发现资深影人与新人之间被一条红线、一纸无限制通行证或一个世故的讪笑隔开，我的失望大家应该不难想象。幸而事实并非如此。我与电影人们在大厅里、晚餐餐桌上以及戏院排队的人群中进行了改变我人生的精彩对话。

绝大多数人都拥有一些具有普遍性的目标。加入社群的人，或许只是想寻找一群朋友，也或许只是想找一些居住地相邻或彼此有交集的人。你或许不觉得现有社群或是打算创造的社群对于成长、成功或技能的提升有何特殊帮助。我毕竟没有见过你的社群，你或许是正确的。

想象一下，即便大家最初并不是奔着提升技能这样的特殊目标聚集在一起，成员们也能将生活中的一些共同目标带进你的社群，而你的社群则可以在这些目标上为他们提供帮助。几乎所有人都希望达成我在下文所列的两个目标的结合，在这里，这两个目标没有好坏之分，它们只是我们担心的事情，尽管大部分时间我们也不知道为什么要担心。如果你的社群能够帮助成员应付这些目标中的一个或者两个，社群就确实能称得上在提供优秀的服务。

第一个目标是有所归属，也就是能在某个地方受到欢迎，并与其他人实现沟通交流。1943 年，亚伯拉罕·马斯洛（Abraham Maslow）提出了一套关于需求层次的心理理论，这套理论被广泛用于理解人们的优先选择。它将"爱与隶属的需求"排在各层次的中间位置。换句话说，在温饱和安全得到满足之后，我们便对爱与归属产生了需求，这种需求，要比自尊和自我实现更加重要。

心理学家罗伊·鲍迈斯特以及马克·利瑞（Mark Leary）写道："所谓归属感假设，就是指人类普遍有一种构建和维持至少有一定数量的持久、积极而有意义的人际关系的需求。"换言之，深层的人际关系很重要。鲍迈斯特和利瑞并不是第一批强调归属感重要性的心理学家，但是，他俩的理论却给我们提供了一个新的洞见：归属感是通过"频繁的接触以及持久的关爱"创造出来的。

或许是因为我们对于归属感的渴望如此之强烈，以至于愿意为了服从群体而不惜在团队中盲从大众。早在 1951 年，心理学家所罗门·阿希（Solomon Asch）就做过一项实验，他将一批实验对象安排在三人小组中，辨识两组线条中的哪条线长度相同。除实验对象外的小组，其他成员事先商量好故意给出错误的答案，而四位实验对象中的三位服从了团队意见，选择了自己明知错误的答案。我们想要归属感的渴望如此强烈，以至于可能否决掉自己明知正确的东西。

在中学时，很多人害怕自己融入不了集体，甚至担心自己永远也无法融入。对绝大多数人来说，这种恐惧感永远也不会有完全消失的一天，或许已经刻入了我们的本性之中。但现在的我能够更好地提醒自己，我拥有支持我和为我的成就加油鼓劲的朋友和家人。尽管如此，担心自己不够好、永远也无法被人完全接受，以及可能会受排挤或被人认为名不副实的惶恐，至今仍不时困扰着我。每一天，我都要确认自己是能够融入集体且有所归属的。

第二个目标，就是为某人或某事做出贡献。早在心理学刚刚诞生之初，作为这个领域的开山思想家之一的阿尔弗雷德·阿德勒（Alfred Adler）就提出过这样的假设："能够真正应对和解决生活难题的人……唯有那些有心不断努力充实他人的人。"做出贡献并不只是许多人的愿望，实际上更有益于我们的健康，可愉悦我们的心情。

卡罗林·施瓦茨（Carolyn Schwartz）在过去十五年间进行的社会研究告诉我们："帮助他人以及从他人那里得到帮助都是心理健康的重要标志……根据报告，相比于接受帮助，提供帮助对心理健康的益处更大。"俄勒冈大学的威廉·哈博（William Harbaugh）组织过一项研究，他让进入功能磁共振成像仪（fMRI machine）的实验对象在此过程中决定从一笔钱中拿出多少捐给食物银行①。研究表示，将金钱捐给慈善机构所刺激的大脑快感中枢，与摄取可卡因、接触艺术以及欣赏美丽的面孔所刺激的快感中枢是一致的。最后再举一个例子，鲍迈斯特和他的同事们发现，施予者能够更好地体验到意义，而接受者的角色却会削弱人们对于意义的体验。

多年来，我与来自五大洲的数千人进行了交谈。其中有的人获得了令人难以置信的成功，享有国际盛名，有的人却连肚子都填不饱。财富和地理位置对于人们想要创造改变没有什么影响。如果你的社群能够帮助成员做出更有分量也更有意义的改变，这社群的价值就非同一般。仅这一点，就能成为将许多社群成员绑定在一起的价值。拜伦会社（the Byron Fellowship）就是一个将支持成员成长作为核心目标的很好的例子。在十多年的时间里，会社将来自全球各地、涉及广泛领域的大约 25 位社会改革方面的领导者组织在一起，参加为期一周的研讨会。在与世隔绝的密集培训课上，他们学习明确自己的意图和对世界的看法，以及接下来应采取的行动。一周之后，社员和"导师"（mentors/instructors，也就是指导者）可以自行组织活动和策划项目，或通过在线社群保持联络，从而持续参与会社。一些社员在未来的培训中充当志愿者，还有人在未来为期一周的研讨会上充当部分课程的负责人。

通过打造课程、完善策略、完成筹款目标，社员们持续不断地为彼此

---

① 为经济困难者提供暂时性食物救济的非营利机构。——译者注

提供支持。这个会社是由马克·博伊斯（Mark Boyce）和加布里尔·格兰特（Gabriel Grant）创建的，两人都在印第安纳大学（Indiana University）致力于可持续教育的发展，并在那儿相识。他们发现，打造一种有生命的实验室教育体验是两人共同的激情所在。如果有一日，这个社群无法帮助成员成长、做出贡献或发掘自己的所属，成员们就会渐行渐远了。

在帮助社员成长的过程中，拜伦会社也有过惨痛的失败，在这里给大家举一个例子。有一次，为了让更多的导师参与，会社负责人对日程表进行了调整。在这个过程中，负责人并没有将社群的总体目标与导师们进行有效的沟通，以致关于计划会议和评估课程的谈话，全都被日程所牵制。大家想象得到，这样的设置让每位参与者都精疲力竭。几天下来，大家感觉就像是在不停地赛跑。

到了第五天，新的社员们召开了一场计划外的谈话，表达了自己的不满。他们认为会议进行得很匆忙（这也难怪），觉得自己没有足够的时间琢磨在讲座上听到的理念，也无暇与想沟通交流的人共处。概括来说，这些人组织了一场"罢课"活动，拒绝按照计划的日程继续进行培训。好在，会社的负责人对这些不满进行了回应，采纳了全员意见，并在接下来的几天按照重新制定的日程表进行活动。这次事件也引导大家对那周的活动的目标进行了深刻的反思，并及时发现这次活动在实现这些目标上明显没有做好的地方。

之所以提到这件事，是因为这个例子让我们清楚地看到，负责人虽然意在为成员们提供更多价值，最终却适得其反。加布里尔的确将社员组织到了一起，也找到了导师，准备了演讲，策划了实地考察，但却没能帮助成员们通过自己理想的方式得到成长。如果培训课程找不到方法扩充成员，未来堪忧。加布里尔通过这件事意识到，课程需要留出更多的时间让社员们进行消化和交流。在下一批社员参加的培训课中，加布里尔对课程的设置进行了调整，类似的罢课事件再也没有发生过。

外部成长与内心成长

社群能够提供外部成长及内心成长的知识。几乎所有的社群都能教授成员一些外部的知识：比如如何靠搭便车游览整个非洲，如何在美国主持晚餐会，或如何创造一个互助气息更加浓厚的居住环境。最为强大的社群同时也会指导自己的成员如何改善内在健康，包括无法在书籍或视频上学到的感情和心理成长。

我的朋友艾莉森是旧金山一个冥想社群的积极成员。刚开始的时候，她会参与晚间的课程学习冥想，包括冥想姿势、呼吸节奏，如何规划练习时间。她学会了如何专注于自己的呼吸，如何想象自己的身体内充盈着阳光，以及如何打造有疗愈作用的冥想练习。参与越多，她的技能也进步越大。但是，个人的成长要比技能进步重要得多，她开始关注自己的欲望以及骄傲的心。越是关注这些情绪，她就愈发感觉平静和满足。这让她找到了一种理解人和与人沟通的新方法，这样的内心成长是从书本上学不到的。现在的她能一口气静坐几个小时，但这并不会让团队中的成员叹服。内心的变化，即便只是些微变化，才是真正成长的标志。

我的朋友比约恩已经参与童子军很多年了。他从中学到了很多技能，包括打结、生火、处理伤口等。以这些技术技能为评定标准，他获得了荣誉奖章，并在团队中得到了正式的提升。但是比约恩发现，他真正的成长是在学习实践自己价值观的过程中得到的。他发现，真正的价值观能够支撑他，让他变成一个一边努力帮助他人一边保持身体强壮、头脑清醒且道德高尚的人。自然，这些信条在童子军誓词中也有明确的阐述。

但真正的成长永远也无法从童子军军规中学到。真正的成长，是与童子军指导员和同伴们一起在旅途中慢慢积累起来的。在你重视的社群中，你或许能够找出一些任何人都能从书中学到或经过实践而获取的技能，但是，我希望你能看到社群如何塑造你的性格和促进你的成长。这才是社群之所以比一堆说明手册或一系列课程更加丰富多彩的价值所在。社群能够提供时间和空间，让同伴们一起得到内心的成长。

强大的社群传授深奥的知识。在成熟的社群中，至少会存在两种只供内部成员使用或只有内部成员才真正理解的"内幕"。我将第一种"内幕"叫作"数据"。这是指那些拥有端正的意图、诚心以及价值观的人才能共享的信息。比如我知道的一个职业女性商务社群，就会相互共享成员的薪金信息，以便让大家理解女性在此领域的薪水情况。这种信息共享，意在帮助处于上升期的职业女性在时机成熟时提出合适的薪金要求。我还知道，我做搜救工作的朋友乔尔掌握只在有资质的队员中共享的密码、聚集地点以及安全协议。

另外，还有一种标志着归属于社群的更有力的"内幕"信息，我将其叫作"感知"。当成员通过明确的指导或体验意识到一些事情与外人的认识不尽相同时，感知也就生成了。这种只有少数人掌握的感知，是（正式和非正式）成员所享有的特权之一。回忆一下《龙威小子》：作为自卫手段的空手道，在人们看来就是酷炫的姿势、侵略性进攻以及所向披靡，丹尼尔却认识到，真正的空手道需要人们不断打磨自己的谦虚、决心、自律，还要对这项传统以及教授技能的长者抱有敬畏之心。我在上文中说过，仪式在外人看来或许滑稽，对内部人员而言却意义深远。正是这深刻的认识，才让内部人员能够欣赏外部人员无法理解的东西。

比如说，我的朋友艾莉森加入了慧俪轻体。她明白，与外行人的普遍看法不同，减重不仅仅是少吃那么简单，慧俪轻体的成员都明白，想达到并保持健康的体重，他们需要理解和接受自我价值、个人身份、感情期望、日常行为，并以这些准则为目的。想得到持久的效果，就一定涉及感情和心理健康的不同层面。

还有我的朋友帕特里夏，她是她所在城市的一个故事小组的成员。组里的成员们明白，最有渲染力的讲故事的方法，不仅能够展示脆弱的一面，还能打造出坚固而宝贵的情谊。讲故事的人需要一个私密、安全且充满尊重的空间，以便全面展示自我，从而打动和启发听众。在外人看来，讲故事的关键在于娱乐大众以及语言技巧的娴熟应用，他们无法理解，成员们为何会与素不相识的人分享展现自己脆弱的故事。

我那位担任搜救犬训练员的朋友乔尔告诉我，在外人看来，他的工作既有趣又刺激，但只有内部人员知道，紧急电话打来的时候，他们与搜救犬的表现以及所做的选择对于别人的生命至关重要。推断人们在迷路时的反应或是想寻找相关线索的时候，会牵涉许多复杂因素。搜救者肩负巨大的责任，他们的工作，是由严肃、冗长而冰冷的工时堆砌出来的。

　　我希望大家都能明白，成长中的社群的内圈可以发展得非常成熟，也能够起到重大的作用。我们很容易为了成员面子上的风光而不断打造毫无意义的内圈，但是创造能够支持和帮助成员成长的内圈所带来的回报和意义却要大很多。试问，有谁不愿意与帮助他们实现理想的人一起共处呢？

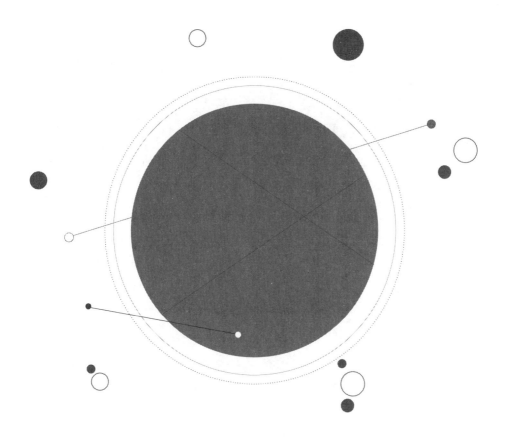

| 第三部分 |

深层思考

第九章　识别不健康的社群

本书中的七条原则已经在灵修和宗教传统中沿用了几千年。相信你已经发现，这些原则在你所知的灵修团体中也有出现。我猜，读者们希望建立的团体既不属于异教也不隶属于自己信仰的宗教。的确，宗教信仰传统以及荼毒社会的异教都会用到我在上文中概述的许多原则。你可以从宗教信仰中借鉴智慧，但打造出来的产物可能效果截然不同。虽然绝大多数狗都有尾巴，但将尾巴安插在某件东西上却不能使这东西变成狗。

大型宗教的共同特征

单独具体定义什么是宗教，什么不是宗教，这本身就是一个挑战。有的社群虽然被定义为宗教团体，其性质却有待商榷。比如，虽然佛教被视为世界五大宗教之一①，也在大学宗教研究学院有一席之地，但一些与我有过交流的佛教僧人并不认为他们的传统是一门宗教信仰。即便如此，典型

---

① 原文如此。通常，基督教、伊斯兰教、佛教并称为世界三大宗教。中国人习惯上称中国有五大宗教，即在世界三大宗教的基础上加上了儒教和道教。——编者注

的宗教一般会通过特定的方式将以下四个因素融入广泛的教义。

第一，这些宗教拥有一个关于宇宙创始的神话。每个宗教传统中都有一个关于宇宙如何被创造出来的故事，有的写实，有的浪漫。这些故事传递了正确的道德观，也揭示了我们生命的意义（或微不足道）。宗教中的起源神话往往不会被人们从字面意义上进行解读，这样的神话被人看作浪漫的故事。它们之所以被看作浪漫的故事，是因为这些故事都是通过某个主题或比喻来表现道德观。当我们认为超自然的神力超越了人类思维的理解能力以及语言形容的范围时，或许就会使用这样的表达方法。这些故事往往提醒我们，我们是从一定的根源中诞生的，并与一个历史远比我们的记忆更加深远的全球社群紧密相连。这样的宇宙创始神话，与有关社群诞生的纪实性故事不同。我猜，你的社群创始故事虽然能够界定社群的诞生，却无法界定宇宙万物的诞生吧。

第二，概括来说，这些宗教中包含某种特殊的宇宙论。所谓宇宙论，指的是关于宇宙自然秩序的一套思想、教义或理解：有人认为宇宙由上帝创造，有人认为整个宇宙都是人们的幻觉，有人则认为宇宙是我们无法触及的超自然体的一种表现形式。在创世神话中，关于宇宙论的描述通常使用隐喻的形式。宇宙论的理解虽然有其局限且富有浪漫色彩，却有助于我们理解我们在这世界上所处的位置。虽然社群的成员往往拥有共同的宇宙观（我猜人们可能很少谈及这个话题），但你所参与的绝大多数社群却不会宣扬某种特定的宇宙论。

第三，这些宗教对于道德观真理的本源有一致的认同。任何一个宗教传统都会对指向道德真理的某种实体或理念有共识。可以看一看我们如何理解自己的行为是否符合道德。即便是对道德真理达成广泛共识的灵修社群，重大的道德选择也仍然很少因此而变得简单或明确，但这些传统至少能为成员们提供可以借鉴的标准，这与凭空判断相关决策是否符合道德标准是有所不同的。在俗世的社群中，成员们都会有一定的共通的道德观（这也是成员们能够相处的基础）。我们很少在道德正确性的认识上与别人完全达成一致，你大可保持对自己的工作和所面对的问题公正而有益的道德观，但这或许意味着你要与别人找到共通的方式来表达尊敬、诚恳以及支持。在判定事物是否符合道德的时候，大可不必以整个宇宙为标准。

第四，这些宗教中设有特定的认识论或界定真理的方法。认识论是一种关于知识的理论，也就是找寻真理的方法论。关于如何辨识真理，每个人都有一个大概的方法。无论你抱有什么样的认识，这种认识都有其形成的方法。认识论不只用于宗教之中，或许，你并未意识到你对于判断真理有着自己的方法。你之所以认为某事是真实的，或许只是因为你所尊敬的人（比如一位老师）这样告诉过你，抑或因为你目睹了某件事，而你自己的判断足以让你产生某种认识。在涉及超自然领域的宗教中，超自然领域的真理会通过一些途径在现实世界中展现在我们面前，其中具体的途径并不属于本书的范畴。你的社群估计不会打造一种指导成员们从本质上理解真理的世界观。

有害异教的共同特征

想要明确界定异教，也不是件容易的事。在过去的三百年间，这个词积累了许多不同的意义，在当今，这个词在宗教学者的用语和通俗用语中的用法大有差别。这个词往往被当作贬义词使用，形容让他人恐惧或不招人喜爱的群体或组织。在这里，我会给大家介绍有害的异教组织所具有的特征，这些特征会引导人们做他们以前认为可憎的事情，甚至会让他们在数月到数年的时间里进行自我伤害。如果不具备下文中提到的特征，你就能确定自己所创造或参与的社群不属于异教了。

　　社群的一个最重要的目标是为成员提供服务，丰富他们的生活，并将他们与生机勃勃的世界相联通，如果我们还记得这一点，就能看出下文中的特征为何容易让成员们偏离这个目标。

　　为了明确起见，我想跟大家说明，仅仅因为社群成员的衣着和谈吐相仿，花很多时间共处，对社群极度热爱，邀请别人参与进来，这些并不代表这个社群就是异教。以上特征，也可以套用在许多中学管乐团或纽约布鲁克林区的食品合作社身上。真正有害的异教团体的许多标准，要严苛（或松散）许多。

　　只有领导者才具有绝对的道德权威。在道德真理的应用上，领导者拥有无可置疑和无可辩驳的特权。这意味着领导者所说的一切都是正确的：跟随者无权对其正确性进行任何有意义的探讨。

　　领袖不对其他人负责，不对任何更高的权威负责。而在主流教派中，在牧师、僧人、拉比之上，是设有能够对其进行评估和限制的更高级别的主体的。

　　成员必须毫无异议地服从领导者。成员必须对领导者的信仰体系、理念、"真理"表现出毫无异议的服从。如果做不到这一点，成员就会受到排斥。这与只是对一个概括性的理念或信仰体系达成共识的团体有很大差别。这个特征主要是指，成员们对于领导者的教义不能提出疑问或重新审议的建议。如果表达出怀疑或反对，成员便会遭到惩处。

异教鼓励与外界隔绝。 异教会鼓励成员与包括家人和朋友在内的外界社群斩断联系。异教除了鼓励隔离，也会强烈提倡成员只与异教内部的成员进行社交和共同生活。这与成员们自发选择多花时间共处的社群是截然不同的。

退出的壁垒很高。 想从异教团体中退出不仅非常困难，有时甚至根本无法做到。其阻止的方式可能包括身体、感情或心理威胁，抑或是敲诈勒索和从经济上施加压力。在一个健康的社群，如果发觉自己的价值观不再与社群其他成员相符，成员们可以随时选择离开。

拥有严重对立的世界观。 异教团体有一种世界与我们对立的心态。与之相反，健康的社群则会将自己当作这个生机勃勃的世界的一部分，并希望通过其工作和教导为这个世界增添色彩。

最终的道德评判权属于团体。 异教团体认为，其高人一等的地位以及意义重大的目标，可以允许成员们为了实现目的而不择手段。其中的一些手段，是成员们在加入之前认为不符道德、应受谴责或不合法的。

对于扩充人员的痴迷在团体中风靡。 这种团体将重心放在吸纳新成员上，而不是丰富现任成员的生活等。

如果这些特征不属于你的社群，且你也无意将这些特征纳入社群之中，那么你所创造或归属的社群就应该不属于异教组织。

强大社群的健康特征

如果我们将异教组织中的不健康特征反过来，就能得到最优秀的社群所具有的积极特征了。你所面对的挑战，就是寻找方法在你的社群中巩固这些特征。

领导者具有有限的道德权威。所有的成员对于道德权威都有一定的理解，也可以对奉行的道德真理或理念提出质疑。带着彼此的尊重对有争议的话题展开对话，不仅重要，而且是必要的。如果某位领导者在道德上越轨，其他人就有权开除这位领导、谴责其行为，并实施必要的整改措施。

对于领导者的忠诚要以成员生活中的其他责任为界限和参照。一位成员对于领导者所信奉的信仰体系、理念、真理的忠诚，要以成员的其他责任和价值观为界限和参照。这些责任涉及家庭、工作、精神领域。一个团队或许只是对某个理念或信仰体系有一个泛泛的共识，同时也会对质疑这种理念或信仰体系的问题进行探索。只要反对意见是以尊重的态度提出且有助于社群服务成员，这样的反对意见就是受欢迎的。

社群与外界是有交集的。社群鼓励成员与外界进行交流、互补以及参与其中，这当中包括社群之外的家人和朋友。成员们从社群内部收获的东西，能够用来充实他们生活中处于社群之外的部分。如果一个社群的成员经常在一起共处，那么他们应当意识到家庭关系以及社群之外的友谊也很重要，也需要他们的关注。

成员可以随时退出社群。社群成员如果认为自己的价值观与社群不再相符，可以随时选择离开。成员们知道用何种渠道退群，不再参与社群聚会就是其中之一。虽然剩下的成员或许会感到失望并会通过礼貌的方式将失望表达出来，但离开的成员绝对不会因为退群而受到威胁。

社群中存在一种与外界相通的世界观。社群将自己当作生机勃勃的世界的一个组成部分，并希望通过其努力和教导为世界增色。其途径包括提供全球性的服务，或是为构建友谊和推动交流在本地举行活动。

领导者需要承担责任。领导者要对更高级别的权威负责。这种权威包括正式的和非正式的资深成员小组、赞助人或所有成员。类似的，主流宗教传统中的牧师、僧人、拉比都有上级，在领导者行为偏离社群价值观的时候予以评估和约束。

道德许可是有所限制的。健康的社群认为，身处不断变化的世界，社群行为和目标的道德正确性必须得到审视。他们明白，适用于外界的道德规范对于其内部人员的行为也同样适用。

扩充社群与其他优先事项同样重要。健康的社群欢迎与社群拥有共同价值观的新成员加入。表示欢迎的形式包括讨论价值观、邀请参与活动以及分享成为成员的方法。扩充成员队伍并不比服务成员更重要，为了扩充队伍而说谎、诱骗、逼迫来访者加入，这些是绝对不可取的。健康的社群认为，只有那些真心想要成为成员且真正受到社群实际价值观启发的来访者才适合加入。

第十章　在线管理社群的智慧

在与几位在线社群领导者和专业人士交流之后，我惊喜地发现，社群构建的七条原则在在线社群中也扮演着重要的角色。这些领导者和专业人士，是成员从几千到数百万不等的、不断发展的社群的创立或管理者。这七条原则在在线社群中的用法或许有所不同，却悉数存在。与我有过交流的在线社群管理者虽然会用不同的措辞描述前文中介绍过的原则，但对于这些原则的重要性，我们却看法一致。

在线社群的相对优势

在线社群的第一个优势是能够克服空间和时间的局限。也就是说，成员们可以不受地域限制地找到彼此并进行交流沟通。任何时候有人希望得到帮助，需要签到或希望学到新的知识，互联网一直是开放的，没有人需要赶去俱乐部，还得开门。

第二点，如果需要，成员们可以对彼此的线下身份保密。与线下社群相比，这样做虽然会让成员间的联系和信任打折扣，却能够帮助人们进行交流和获得安全感。比如说，很少有成瘾者希望办公室的同事、公园里碰到的邻居或家庭聚会上遇到的亲戚知道他们的困难。对他们来说，匿名是很重要的。一个使得沟通交流变得更为安全的场所，不失为一个受人欢迎的资源。

第三点，这种社群比较容易扩大规模。在线社群不受实体建筑、可用车位、具体场所的限制，邀请和接纳新成员相对容易。比如说，在推特上，大批用户可以对某人进行关注和学习，而此人并不需要花费大量的精力。想靠线下资源举办同等规模的活动，人们不仅要预定一间大厅、架设音响系统，或许还要在路上花费几个小时。

第四点，这种社群通过文字或图像所提供的体验，很方便记录以及提供给成员作为共享资源。而线下聚会或培训活动中出现的即兴却颇有分量的对话，如果不录入线上平台，是很难被广泛传播的。

在线社群的相对弱势

从总体来上说，通过在线平台发展而成的情谊不仅强大坚固，还能有效地充实人们的生活。但即便如此，想要培养出与线下社群相当的深厚情谊和亲密关系，不仅困难，甚至可以说不可能做到。虽然在线社群优势良多，但在规划社群成员参加的线上和线下活动所占比例的时候，这一点是一个重要的考量因素。即便是用户超过一亿、拥有无数兆字节内容的Twitch，也会为了方便成员见面而在大型场地举行线下活动。

对绝大多数人来说，结交朋友，是出于情感的需求。如果需要的只是技术上的支持，我们就会花更多的时间读书和观看指导视频。在线平台很难让我们传播实实在在的感情。这种现象能否改变、何时改变，谁又能预料呢？父亲或母亲离世时，恋人宣告分手时，或接到可怕的诊断结果时，我们想要的，不是召开视频会议进行情绪宣泄，而是希望朋友和家人能够陪在我们身边，想要感受他们的拥抱。当你想对你的在线社群进行升级时，不妨想一想这点。线下的部分的确很重要。另外，在线社群也很难让来访者确定自己与这个群体有多相合，他们看不到社群成员与他们在外貌和衣着上是否相近，甚至不知道成员们会不会把来访者放在心上。守门人或许需要下功夫帮助来访者使其感到自己是受欢迎的，并帮助他们找到融入社群的途径。

在线社群的定位

就像线下社群一样，在线社群也必须要对自己的存在有一定的愿景。这就要求考虑社群该用什么样的价值观来吸引成员。你必须要通过一定的方式将愿景明确传达给社群成员，确保你的成员和来访者对你创造或管理社群的缘由有所了解。

在这一愿景的指引下，成员们须当明白社群是如何对他们的成长进行支持和引导的，这种支持和引导至少要体现在成员的技能进步上，最好还要涉及他们内心的成长。技能上的提升可以包括战胜疾病、做一笔更大规模的销售、更快速地制造汽车，不一而足。WishList的创始人斯图·麦克拉伦表示，强大的在线社群能够帮助社群成员对抗压力、自我怀疑以及焦虑。

人们很少分享这些情绪，但一个开诚布公地应对这些问题的社群能够给面对此类挑战的成员提供渠道和一个安全的场所。成员们可以通过分享袒露心灵的脆弱一面，而这脆弱也反过来加深了彼此的联系。

利用归属感的七条原则

界线　成员需要付出一定的成本才能参与社群。付费墙模式往往能有效设立壁垒，因为这可以让成员们知道，大家都是付了费才参与进来的。稍低一些的壁垒包括分享姓名和电子邮箱，这种最低的壁垒表示你是有意参与社群的。除此之外，斯图还推荐使用一系列必答的问题，比如成员想要参与的原因以及通过参与想有什么收获。等到成功加入之后，一位称职的管理者会通过鼓励的言辞和有效的建议将社群打造成一个令人安心的场所。另外，重要的一点是，管理者要注意不要以严苛的态度对待新成员，而应该通过参与，将社群打造成一个能让成员们获得成长和分享不为人知的真心话的专属空间。

入会　社群应为新成员设置一套欢迎流程。这套流程应该鼓励成员尽快融入社群并与其他成员建立联系。这可以包括对现任成员宣布新成员的加入，并由资深成员（包括执事圈人士）将新人迎进社群。其他的成员可以主动与新人沟通，寻找彼此的共同点。这套流程应该有助于新成员感到自己通过加入社群得到了认识和理解，并想要更多地参与到社群活动中去。我们已经了解了符号的重要性，因此，你可以挂出一枚勋章，用来代表新成员所加入的群体或特殊圈子。

仪式 线上的仪式要比线下的仪式更具挑战性。尽管如此，并不是说线上仪式的重要性不如线下仪式。庆祝某人生命中的重大事件是很重要的。我听说，一个由创业者组成的社群会在成员获得六到七位数的销售成绩时会宣布消息并举行庆祝仪式。还有一个社群，会在成员们达成锻炼目标（比如走够一定公里数）时进行庆祝。Patientslikeme.com 这个网站给人们提供了一个分享患病体验的网络平台，以便人们向病人本人、同病相怜的病友或者专注相关医疗动向的组织机构提供帮助。这家网站拥有超过 40 万的用户，讨论超过 2400 种疾病。在网站上，生命因疾病而改变的用户们会为外人注意不到的、日常生活中的小小成就共同庆祝，比如从床上爬起来，或出去散散步。还有一个叫作 Quitnet.com 的网站，这个 1995 年成立的社群帮助人们戒除烟瘾和远离烟草。每当到了成员成功戒烟的周年时刻，网站都会自动为其发送一封通知。

"神殿" 在我看来，只要成员们将网上拥有共同价值观的其他成员当作彼此关爱的伙伴，将人们凝聚在一起的网站就变成了"神殿"。无论是鼓励与疾病抗争还是恭贺公司成立，各种庆典都让我看到仪式正在进行。就像我在上文中提到的一样，即便是最成功的在线社群管理者也明白，线下集会可以丰富社群成员的生活。我与斯图聊天的时候，他并没有表示为了让成员们会面而"打造临时的神殿"或组织"朝圣"，但我从他的话中听出了这样的意味。即便是线上的成员，也希望拥有一个可以彼此会面并交流外人无法理解的事情的安全场所。这或许要算他们在社群中能做的最有趣的事情。

故事 在线成员想要聆听社群的故事，也想知道彼此的故事。你可以为他们提供获知别人的故事或分享自己的故事的渠道，比如分享博客帖子、视频或访谈内容。管理者可以对符合社群期望表现的价值观的故事进行凸显或强调。我热衷于用混合健身公司全球总部的做法来举例，他们会将生命因公司的健身社群而改变的人们的故事录成视频发出来。成员们分享的故事能让大家看到，这个社群对于最顶尖的运动员和最青涩的新人都倾注了大量的关爱。请记住，你所讲述的故事以及故事中凸显的人物，比任何东西都能揭示出你的社群的本质。

符号 每个社群都会出现符号，且这些符号在每个社群中的意义都有所不同。看到符号出现的时候，你应该接受这些符号、谈论这些符号并在仪式当中使用。据我所知，有几家在线社群专门设计了奖章，以此代表成员的成就以及他们对团队不同程度的忠心和付出。这些奖章不但能让别的成员看到，且获得奖章的成员在回到社群中的时候自己也能看到。每次看到奖章，这些成员便会回忆起自己的付出、秉持的价值观以及在社群中的参与感。

Twitch是一个高度成熟的在线社群，会为自己的用户发布代表各种"情绪"的符号。得知数以百万计的用户是如何使用和热爱这些表情符号时，我深受感动。其中一个叫作"Bible Thump"的表情符号，显示的是游戏中的一个角色流泪的脸。Twitch的编程负责人马库斯解释说，这个表情符号是用来表达感同身受和同情之心的。他说，有的时候，当他在Twitch上的表现不佳时，他就会接收到"大堆的哭脸符号"。这让他感觉到了他人的关爱。"POG Champ"这个表情符号显示的是瑞安·古蒂雷斯（Ryan Gutierrez）的面孔，马库斯解释说，瑞安是网游社群中一个很有名的人物。

POG Champ这个表情符号则用来表达兴奋和惊喜之心。内行人懂得每个符号的含义，这些符号有助于他们在这样一个科技论坛中进行交流。

内圈 相对来说，线上的内圈较容易创立。根据经验值、地点或成就的不同，成员们会被邀请参加更加尖端的组群。你可以为不同的成员提供不同的特权，比如主持谈话、在特殊站点发帖，或为成员提供指导。得到特殊认证且有特权提供服务和发挥作用的成员，会因此感到兴致勃勃。凯文告诉我，在收到Twitch的合作邀请时，数千名用户中有不少人都喜极而泣。我明白，这是因为他们渴望自己的贡献得到认同且被人重视。我可以肯定的是，还有很多的方法可供Twitch团结用户，凯文所做的只能算触及表面。

马库斯解释说，Twitch拥有许多层的内圈，有的是Twitch正式组建的，有的则是用户自发组建的。在这里，我给大家分享几个例子，让大家看看这些内圈是如何运作的。

一般用户

观众：每月都有超过1亿的观众。当观众获得传播者认证，往往就代表这位观众成了非正式用户。

资深用户

传播者：人数为170万。这些人通过自己的频道与Twitch共享内容。Cohh Carnage是一位顶尖传播者，拥有52.9万的关注者和超过2700万的播放量。

主持人：每个频道都会自行指定几位主持人。

影响者：拥有一定地位的用户会接到与赞助人合作的带薪工作机会。这些工作包括在Twitch位于旧金山的总部进行广播，或参与受赞助的活动。

合作者：合作者只有1500人。他们可以获得"订阅"按钮，让用户付费关注他们。合作者拥有数项特权，其中包括在Twitch空间创造表情符号。

总主持人：负责巩固社群的行为准则和规范。

首席长老

Twitch支持团队：团队成员负责打造和巩固Twitch空间的规章制度，有权停用和取消成员资格。

成功的不同种类

在上文中谈到层层递进的内圈以及各种执事圈的种类时，我提过，随着不断打入新的内圈并获得更多的特权，我们也要注意关心更多人的福祉。为了获取权威地位这种自私的目的而将人们招入社群，这样的做法是有一定危险性的。当然，我们中的许多人都有比纯粹的自我牺牲更为重要的事情要考虑。人们至少会通过三种方式追求成功：获得相对的成功，实现个人成功最大化，以及实现社群成功最大化。在个人生活中，每个人或许都会在不同的时间和人生的不同领域中于以上三者之中选择不同的方向。因而我们在工作、家庭或慈善事业上追求成功的方式，看起来或许大有差别。

获得相对的成功

在追求相对成功的时候，我们希望比别人做得更好，或者比所有人都高出一筹。理论上，这并不是个坏主意，但从实践来看，这可能意味着我们会通过削减他人所得的方式来追求自己的成功。如果我们将相对成功的标准设得较高，那么自己的所得也会受到负面影响。他人的成功即便不会影响我们自己的成功，也会被我们视为威胁。其实，他人的成功说不定还能对你的成功起到积极作用，但即便如此，你仍然可能将之视为眼中钉：单纯因为他人的成就比你辉煌（或有这样的可能），你就会心生怨怼。举例来说，在大家摘苹果的时候，我会把苹果篮藏在你的视线之外，即便这样的做法占用了我摘苹果的时间也在所不惜。因为与摘苹果相比，我更关心如何比你摘得更多。

大家不难想象，这样的定位其实意味着，除非确定自己能够通过合作取得比他人更多的成功，否则不会对合作或慷慨分享有太大兴趣。绝大多数人都不会愿意跟从那些藏苹果篮的人。那些追求相对成功的人或许会为短期的利益沾沾自喜，但从长远来看，这样的定位却阻碍了人们建立在患难时期尤显珍贵的坚固、亲密以及可靠的关系（把苹果篮藏起来则无异于在患难时期雪上加霜）。单纯只为了争个高下而与人比拼是很费神的，尤其是在其他人对输赢不以为意的时候。

获得个人最大成功

想要将个人成功最大化的人，一心想要全力以赴地获得成功，别人取得了同样的成绩甚至将任务完成得更好，他们都不以为意。这意味着，只有合作能够对我个人的成功有所帮助，我才会双手欢迎合作。借用摘苹果的例子，我很愿意与你合作，与你共同承担摘苹果、搬梯子、举篮子等责任，为的只是在末了能够获得更好的收成。

个人成功最大化的阴暗面在于，从本质上来说，其定位仍然是自私的。只要感觉合作对我起不到特殊的帮助作用，我就会终止合作。这意味着，在遇到困难或不确定的因素时，合作关系便不堪一击。而在遇到困难时期、出现难以协调的意见、要做出艰难抉择的时候，几乎所有人都愿意与确定能够和我们风雨同舟的人一起并肩奋战。

获得社群最大成功

社群成功的最大化，意味着为了团队获得最大成功而不惜采取一切措施。依照这样的定位，只要能够让团队获得最大限度的成功，我们就不需要在意团队中的哪位成员得到的好处最多。也就是说，社群鼓励团结合作，并且成员们也愿意为了使团队受益而不惜削减自己的利益（也就是做出牺牲）。愿意做出多少牺牲，这是社群成员自己的决定。自我牺牲是一种慷慨的参与方式，无论社群成员是否真能牺牲小我，这种忠诚已经足够令人欣慰。在摘苹果的时候，如果能为群体带来最大程度的好处，我就愿意开车带着成员在小路上往返，即使这意味着我个人可能无法实现摘苹果的最好成绩。

　　一个想要社群的成功最大化的人，并不一定需要牺牲自己的成功或成为殉难者。实际上，这个人或许可以（准确地）看到，从长远来看，社群成功的最大化可以建立起广博的友谊和人脉，为之提供支持和关爱。进一步来说，为社群的成功而努力或许能使成员实现个人成功的最大化。关键是，这位成员需要在别人明显获利更多的时候仍然乐于参与甚至主持社群工作。我认为，在困难来临的时候（这不可避免），这位成员将会有足够广博的人脉来帮他遮风挡雨和走出低潮，因为他拥有一个真心诚意彼此支持的社群。

　　我希望大家能够领会，上文中描述的相对成功以及个人成功最大化这两种成功，其取向从本质上来说都是自私的。在我们追求这两种成功的时候，虽然有可能让人从中获利，但这种获利不是附带效应就是纯属偶然。在上文简短的讨论中，唯有社群的成功才真正算得上是利他的成功。使用摘苹果的例子，是为了向大家解释这些不同的成功的定位和取向。在现实生活中，成功并不这么容易衡量。在社群中，我们在意如何获取物质、人气、头衔以及任何可获得的优越感。我发现，在婚礼上，人们甚至会对自己被指定座位所处的位置耿耿于怀。

　　深层思考：请记住，最好的首席社群官不仅关爱社群成员，也会关爱社群之外的人。我们关爱的范围，应该决定我们权威的界限。举例来说，若我只关心自己的城市社群的成功和福祉，我就不配在全国性的组织中施展权威。当我们能够将整个世界看作一个我们努力服务的社群时，我们就超越了宗派间的你我之见。这个标准非常高。拿我自己来说，虽然我绝大多数时间都想当一个自私小人，但发现自己并非时时面目可憎时，我还是很欣慰的。如果在得不到他人理解时仍然为了社群的整体成功而慷慨奉献，这不失为一种在高层级内圈中实现进步和成长的方式的深层理解。如果在这个过程中我们自己也得到了充实，就更是两全其美。

我们可以对自己支持和鼓励担任领导角色的人仔细进行一番审视，考量他们意图为社群争取到什么样的成功。我们不需要去寻找那些心境纯粹、大公无私的领导者（这种人能不能找到还有待探讨），我们可以观察社群领导者努力争取的成功属于哪种类型，再判定这样的追求是否对整个社群有益。我敢打赌，如果让追求相对成功的人坐上了领导者的位置，那么成员们就要置身于水深火热之中了。哪个成员愿意跟随一个为了自身利益而牺牲成员的领导者呢？那样的做法，会严重威胁社群的团结。

那些囿于追求一己成功而无法自拔的人，或许会觉得本书的这一部分难以理解。更严重的是，这种人甚至不相信会有人愿意以牺牲自己的成功为代价来为社群的成功做贡献。在听到有人表达希望看到别人成功的时候，这些人不会相信这是肺腑之言。他们会怀疑，这样的言论之下是否隐藏着不可告人的动机。实际上，我们对别人的每一份支持，都可能会以好的声誉、报答或日后的邀约等形式回馈到我们的身上。这个世界就是这样运作的。

你在自己的生活中或许也做过许多自认为不会得到回报的事情。如果做事的动机是出于对别人福祉的关爱，这慷慨之举的一部分就会回馈到你的身上。作为一个想要服务于他人和赋能于他人的社群首领，你的任务之一，就是寻找和奖励那些对社群的成功一片赤诚的领导者。这并不是说真正的社群领导者永远不能从自己的参与中有所收获，这只是意味着，那些关心他人并在凝集社群时能把自我意识和欲求中的一部分暂时搁一边的领导者，才是你需要去找寻的。

管理社群

管理和发展社群的艺术可以写成好几本书，本书只能部分涉及。感兴趣的读者或许想细读一下埃莉诺·奥斯特罗姆（Elinor Ostrom）的作品。她是一位获得过诺贝尔奖的经济学家，提出过维持稳定的社群资源所需的八个原则。她的理念在你未来构建的许许多多的社群中都有用武之地：

第一，社群要对界线和意图有一个明确的认识。成员们要明确哪些人属于社群，哪些人不属于社群，并要知道成员们团结在一起的原因是什么。

第二，回报和成本要成一定的比例。成员们需要有一个对贡献给予奖励的体系，想要比其他成员得到更多的回报，你就得付出相应的代价，如若不然，社群就会分崩离析。

第三，决策是大家共同做出的。成员们应该通过公认为公平的方式做决策。这并不一定是说决策的方式要通过一致同意或单纯的投票，而是说，决策方式的制定中要有集体参与的成分。

第四，社群要有效监控违反规定和"搭便车"的人。如果成员们不相信大家都能遵守规范，就会对社群失去信心。

第五，社群要对不遵守社群规范的人设有不同程度的惩处方法。较小的违规行为对应较轻的处罚，较大的违规则对应严重的惩处。

第六，解决冲突的机制要低成本而易于使用。冲突能够以成员们认为公正的途径得到快速处理。

第七，组织权力只需经过最低程度的认证（比如政府的认证）。成员必须能够按照自己的意图组织活动，如果组织权被禁止，就限制了第三条原则（也就是共同决策原则）。

第八，对于那些隶属于更大组群和网络的团队，相关团队之间的协调必不可缺。一些活动最适宜在小型团队中进行，而其他活动则可能需要大量人员参与。让具有相应规模（不太大也别太小）的团队来处理相关活动，这一点很重要。

探索如何使用这些原则进行社群管理，需要时间，而且对不同的社群而言情况也各不相同。希望大家能够找到相应的方法，利用本书中的社群界线以及内圈等要素来将奥斯特罗姆的原则付诸实践。

终点与开端

　　社群终结没有关系。导致社群终结的原因很多：成员搬离，目标达成，兴趣转移，出现其他更为重要的事件，抑或无法再为成员提供服务。但在社群解散时，成员们的关系仍可能持续下去。社群的真正目的是通过某种方法让成员们获得提高，考虑到这一点，即便社群成员从某个时间点开始停止集会也没有关系。或许，社群的解散表示你无法再保留"神殿"、举行仪式或使用符号了。但如果运气好的话，你仍然能保持在社群中建立起来的友谊，单凭这一点，就算是一种成功。

　　如果你因为社群即将解散而担心失败，请记住，终点并不一定意味着失败。或许，你所建立的社群只是为了解决彼时的所需，而现在，你已经有了迎接下一个任务的条件。我最喜欢用的一个例子，是在"海王星工作室"工作的朋友艾米丽与我分享的。她告诉我，她曾经在一个电影项目上投入了三年的时间，并在其间与同事们变得亲密无间。无论从任何标准来看，他们都组成了一个社群。大家一起庆祝，在危难中互相支持并聆听彼此的故事。电影制作一完成，团队便自然而然地解散，成员们投入另外的电影项目。艾米丽在电影圈工作了十多年，对于这样的周期也经历过很多次。这并不是社群有问题：只是社群的成员成功完成了他们的目标，天下没有不散的宴席。艾米丽告诉我，解散后，成员间仍然会互相来往。她会在工作室或其他项目中见到这些朋友，还会与他们探索以什么方式再次展开合作。大家都通过新的项目加入了新的社群，并通过新的方式在事业和个人领域得到了成长。

从致谢开始

大家可能记得，在本书的开头我曾告诉大家，在生命中的很多年里，我都不知道自己归属何处。换一种方式来说，那些年里的我不觉得自己是所在的地方和所认识的任何人中的一员。现在，我不再这样想了。无论你是谁，无论你在哪里读到这本书，我都希望能将我所知的打造归属感最有效的方法与大家分享。就像我在本书开头提到的那样，当人们相信彼此之间存在着相互关爱时，社群就形成了。想要达到这种效果，我所知的最快的方式就是告诉人们他们对你的重要性。没错，感谢人们对你的生命产生的影响。这个理念太过简单，以至于几乎无法让人信服其有效性。我向你保证，这招的确是灵验的。在这里，我跟大家分享一个我使用这个理念的方法。

我在过生日的时候有一个习惯，当天，我会腾出时间至少做两件事情。第一件事是给自己写一封信，记录过去一年发生的事情、我的感受，以及未来想要做的事情。这种方法，让我得以对自己利用时间的方式以及共处的人加以审视。在此之后，我会将那些对我产生影响的人列出来，并按照清单上的顺序挨个儿致电。我的每一通电话的唯一目标，就是告诉他们，我认识到了他们为我所做的付出、对我的影响以及在我生命中的重要性。有的时候，他们做的是对困境中的我出手相助这样的大事；有的时候，他们只是向我伸出友谊之手，让我感到自己是受欢迎的。我从来不会夸大其词，只是原原本本地让他们知道，他们对我的生命产生了影响。电话的内容，差不多是这样的：

> 梅丽塔，
>
> 我打电话来是因为今天是我的生日。
>
> 这对我来说是一个自我反省的日子。
>
> 我会回顾过去的一年，看看生命中出现了哪些人，又有哪些人参与打造了我这一年的历程。
>
> 我打电话的原因，是想让你知道，我会把你对我的付出放在心上：
>
> 你邀请我到你家。
>
> 将我介绍给你的朋友。
>
> 当我遇到重大问题的时候，你毫不犹豫地与我分享你的专业意见。
>
> 你是个非常慷慨的人。
>
> 我觉得，无论一天中的哪个时段给你打电话，你都会尽己所能地

给予我支持和鼓励。

这对我的生活产生了巨大的影响。

对此我非常珍视。

我打电话，就是要说这些。

有的朋友告诉我，这些简短的电话对他们心情的影响能持续一周之久，也有朋友说，接到这些电话的时候，他们正在经历人生中巨大的困难。我一般会将这些信息留在电话留言里，并告诉朋友们，他们可以选择回电，但这不是必需的。一些朋友对我恩深义重（比如本内特博士。我的母亲在国外旅行时出了事故，本内特博士用丛林中的树枝为她做了一个脊柱板），对于这样的朋友，我会诚恳地说："我实在找不到语言来形容我们的友谊有多深重。"

打完电话，一件神奇的事情便会发生。我生命中的二三十个朋友都意识到了他们在我生命中的重要性，也感觉到了我对他们的关爱。其中一部分朋友会直接告诉我："我也有同感。"这样一来我就知道，我也是有人关爱的。在仅仅几个小时的时间里，我生命中的支持群体便更加强大了。我坚信，无论发生什么事，都有人想为我提供帮助，也知道我会把他们放在心上。这是全世界对我来说最为重要的社群。我不需要在其他社群的内圈有一席之地，那些对我来说只是身外之物。

如果想尽快创造社群，现在就可以练习让生命中重要的人知道他们对你的重要性。如果这些人中的一部分人表示你对他们也很重要，你的社群就形成了。在此基础上，你便可以对社群进行扩大。做这件事并不一定非要等到生日当天，我发现，想要告诉别人他们对你的重要性，任何理由都行得通。你可以告诉他们你读了一本专家写的书，是书的作者启发你这样做的。当然，你不一定非要这样说。如果想不出好的理由，你可以借鉴我下文中的简单提示。如果这些提示对你不适用，还可以用其他方法。

> 我给你打电话，是因为我正在寻找那些让我的生活变得更好的人。
> 我想到了你。
> 我想告诉你，我认识到了你的付出，并且心怀感激。
> 你的付出对我来说很重要，
> 对我的生活产生了影响。
> 我想说的，就是这些。

　　绝大多数人永远也不会说出这样的话。因此，当这些话从你口中说出来的时候，难免听上去怪怪的，但这种怪，是一种让人舒服的怪。从来没有人因为我打这样的电话而感到不快，反倒有许多人感觉自己重获了赏识，并成为一个日渐壮大的社群中的一员。

领导者问题清单

社群领导者问题清单

这份围绕"接下来的步骤"展开的问题清单，针对的是现任领导或有志成为社群领导者的人。这些步骤能够帮助你厘清自己想要创造的是什么，以及该如何有效利用本书中的理念。记住，无论你想建立的社群是否正式，这七条原则的适用场景都很可能随着时间的推移而逐渐显现，根据运用方法的不同，这些原则有可能成为你打造社群的助推器，当然也有可能成为绊脚石。

对于这些问题，你或许并非都有答案。这完全没关系。有的问题的答案只要深挖就能得到，而有的问题的答案或许需要经过时间的积淀才能自然显现。无论怎样，知道自己在建立社群时或许会碰到哪些问题，对建立目标明确而团结一致的社群将有着深远影响。

定义我的社群

社群必须要有某种形式的定义，以便潜在成员明白自己是否能成为其中一员。

我们的社群的名字是什么，有怎样的简介？

（比如：一个旧金山湾区的山地骑行爱好者组成的社群。）

社群中的现任成员是谁？

我们的社群中缺少哪些理想的人才？

哪些人不应该在我们的社群中？

（这其实是说，有哪些人与我们的价值观不符？）

价值观

我们的社群的核心价值观是什么？

我们该如何确定这些理念就是社群的价值观呢？

其他人（现任成员以及有兴趣加入的人）该如何获知这些理念是我们的价值观？

定位

我们的社群让成员们对我们（生活中的方方面面）有什么认识？

我们的社群指导成员（在各种情况下）采取什么样的行动？

我们的社群指导成员们（对万事万物）拥有什么样的信仰？

道德规范

我们的社群中的哪些道德规范与世界上其他人（至少一个人）的道德规范有所区别？

我们捍卫哪些事情，保护哪些人？

什么样的行为是禁止的？

我们共享的东西是什么（知识、物品、渠道）？

我们与谁共享这些东西？

谁是我们尤其敬重的人？

我们如何表达尊敬？

理解

我们的成员希望不必做自我解释就能让别人理解的东西是什么？

界线问题清单

社群会在内部人员和外部人员之间构筑一道界线。

内部人员认证

我们通过正式或非正式的渠道分辨哪些人属于社群、哪些人在社群之外？（即便是可以自行加入和退出的社群，也有内外人员之分。）

我们如何知道谁属于社群内部？

入社门槛

有权将新成员迎进社群的守门人是谁？（包括正式和非正式两种形式。）

新成员如何找到守门人，如何与他们进行沟通？

界线维护

维护界线，以便我们区分内外人员的人是谁？（可以是数人或一人，职务可以是正式的也可以是非正式的。）

有没有人曾被禁止加入或被驱逐出社群？

这是通过什么手段实现的？

我们通常用什么样的方法巩固社群界线、保护社群价值观？

邀请入社问题清单

社群拥有某种形式的入会仪式，通过仪式让新成员明白自己受到了正式的欢迎。

大家所理解的认证和欢迎入社的正式活动是什么？（无论这活动规模有多小。）

来访者如何通过认证成为会员？

来访者如何获知成为会员的方法？

成员们是否希望举行一个更有仪式感的欢迎仪式？

入社仪式

你希望入社仪式设在哪里（如果仪式需要在一定地点举行）？

仪式上该有什么样的发言？

仪式的主持人或出席者是谁？

信物

为表示成员已经是团体的一分子，你该送给他们什么样的信物？

特权

被迎进社群之后，成员能够获得什么特权？（包括更紧密的联系、尊敬、更多的渠道，以及相互理解。）

仪式问题清单

成熟社群设有庆祝重要时期和重大事件的仪式。

仪式活动

哪些活动是社群所重视的仪式？（即便是那些没有正式标出的活动也包括在内。一点提示：如果你对活动进行了改动，成员们能有所察觉并感到若有所失。）

哪些受到成员重视的活动、转变或重大时刻也受到了社群的重视？

社群展示仪式

成员们该在何时通过什么途径来展现自己在社群中的参与，以便与社群中的其他成员见面？

玩乐仪式

社群成员何时能够一起玩乐？（体育活动以及庆典都包括在内。）

各种仪式的模式

你的成员们喜欢一起进行什么样的特殊活动？（辟谷、运动、静思、歌唱以及祝酒都可以。）

这些活动中最好有什么人出席？

活动最好由谁主持？

活动上最好有什么样的发言？

各种仪式的信物

你想传递或留下什么样的信物作为回忆？

"神殿"问题清单

成熟的社群设有一个特殊的场所，供成员们集会和举行仪式。这些仪式可以包括玩乐仪式或庆典。

成员们在哪里集会举行仪式（包括玩乐仪式）？

社群最重要的场所在哪里？

在社群成员齐聚一堂的时候，通过什么方式让场所变得特别起来？

神圣空间

除了主要场所，社群还有哪些特别的场所？

这些场所会在何时变得特殊起来？（比如说，这些场所是永远都很特别，还是一年里只有一次，抑或按照其他的频率？）

你如何表明这个场所的特殊性？（在特殊的时间将人们邀请到这个场所就是一种方法。）

故事问题清单

成熟的社群拥有自己的故事，并通过这些故事巩固社群的定位，以及与新成员分享社群价值观。

创世故事

你想要新成员明白和理解哪些关于社群的故事？

故事中的人物是谁？

故事发生于何时？

社群的目标是什么？

社群所面对的挑战是什么？

社群的创造过程让人们有何收获？

价值观故事

你希望新成员了解哪些关于社群在困难时期坚守核心价值观的故事？

脆弱的故事

当社群或一部分成员遇到失败时，大家学到了什么样的重要经验？

私人故事

你想要向全体成员讲述哪些成员的私人故事？

社群成员如何与别人分享他们的故事？

新成员或来访者如何获知成员们的故事？

学习和共享的故事

你能创造出什么样的机遇，让成员们分享自己的故事并聆听对社群有重要意义的故事？

符号问题清单

你的社群最重要的符号是什么？这些符号代表了什么？

谁会使用这些符号？使用的途径是什么？

这些符号是如何形成的？

什么信物可供成员作为纪念品保留？其中包含着什么样的意义？

内圈问题清单

你的社群的内圈叫什么名字？圈中人（来访者、新人、成员、资深成员或长老、首席长老）具有什么样的特权？（不要创造没有意义的内圈。）

成员们如何进入这些内圈？

成员们如何才能找到通往内圈的途径？

资深成员该如何表现出对他人的关爱？

执事圈问题清单

执事圈在保护界线、主持仪式、社群价值观教育上拥有权威。

谁代表你们社群的执事圈？（他们的头衔或许和执事圈并不沾边，或者根本就没有头衔。）

成员们如何了解执事圈的组成？

其他人如何加入执事圈？

如何知道哪些人的贡献比其他人的贡献更受重视？

深入思考：引领社群发展问题清单

成熟的社群能够指导成员们在他们想要获得成绩的领域取得成功（结交提供支持的朋友也算）。

你的成员们希望在哪些领域获得成功？（比如说创造出稳定、深厚而心心相印的友谊，或者学到一门技术。）

成员们正在通过正式和非正式的途径学习什么外部技能？（比如如何成为一位乐于助人的邻居，如何为新朋友提供支持，如何打造安全的居住环境。）

成员们的学习方法是什么？

他们在心理和情感健康这些内在领域获取了什么经验？

成员们如何才能理解，社群中的有些事情与外人所认识的不同？

大家可以在 charlesvogl.com 下载这些问题清单，并获取社群领导者所给出的具体实例。

将书中知识实践于社群

作为社群领导者的你应尽可能详细地填写问题清单，一旦填好，你就会对你的社群以及巩固社群的方式有新的认识。下一步措施，就是将这些想法传播给你的成员或者那些你认为想要加入社群的人，然后让他们给出反馈。我敢保证，你一定会大吃一惊！你一定想不到，以价值观为基础，为巩固社群而付出的真诚而热忱的努力，会让大家多么感激！

我的团队不但帮我打造了这本书，也在组织工作坊和建设社群上给予了我帮助，他们想要聆听你们成功、失败以及面临挑战的故事。请让我们知道你所努力构建的目标是什么，也请告诉我们你的发展情况如何。我们所做工作的目的，就是为了创造正面的影响，而只有听到你们的回馈，我们才能知道自己的努力有没有起作用。这个世界渴望沟通，我们所做的工作，正是我们助推沟通的一种方式。

想要联系我和我的团队，请登录 charlesvogl.com。

晚餐社群案例研究

　　利用一套问题清单，我对展望街晚餐社群的七条原则提出了一系列问题。而这个案例研究，就是要向大家展示我的做法。在你的社群中，你或许尚未得出所有这些问题的答案，这完全没关系。随着视点的深入，一部分问题的答案或许很快就能显现，而其他问题的答案则需要等待更多时间。无论出现哪种情况，明白这些问题有可能出现，对你打造目标明确和团结一心的社群有很大帮助。下文中的例子只是给大家提供一个背景，而不是让大家作为指南使用！你的答案所反映的终究应该是你自己的社群，而不是我的晚餐社群。

展望街晚餐社群介绍

　　2007年我第一次来到耶鲁后，与现在已成为我夫人的索琦塔一起搬进了展望街的一间小型联排别墅。我们之前在纽约住了大约六年，因此在纽黑文举目无亲。

几年前，我遇到了洛丽塔·杰克逊。她是一位聪明而经验丰富的政治联盟公关，连续在数届纽约市长手下担任要务。这样的机会对任何人来说都不常有，对于非裔美国女性更是罕见。洛丽塔让我明白了腾出时间邀请别人共享"亲密体验"的重要性。她告诉我，在派对上结识新朋友，和他们在酒吧共饮，在会议上和他们打招呼，对于打造深层而有意义的关系没有什么补益。她说，在大型活动上结识朋友完全没有问题，但亲密的体验才是搭建关系的基础。对于宗教、政治、生意以及生活而言都是如此。

洛丽塔解释，从某种意义上来说，这其中的智慧可以归结于数学。你所打造的真正友谊的多少，与你所创造的亲密体验的数量相关。想要创造体验，你就得为此安排时间。你须将打造这些体验作为人生的重点，并且知晓，这些体验可以为你带来你想要的收效，也就是一群艰难困苦时患难与共、风平浪静时共同享受、春风得意时举杯共庆的朋友。更重要的是，假如将在社群中才能找到的技能、智慧、渠道、资金以及能力凝聚在一起，我们可以引发波及全社会的变革。

另外，我也要将C.S.刘易斯的智慧运用于实践，从永无止境的内圈循环陷阱中逃离出去。刘易斯说过，想要逃离内圈循环陷阱，就要投入一件你喜爱做的事情当中，并邀请其他人定期加入。他断言，这样的做法，能够让我们创造出自己追求的东西。我们打造出的友谊在外人看来或许像一环内圈，但是，经由允许拥有共同价值观的人加入，我们所打造的东西便与内圈截然不同。友谊，能够让我们从对内圈的追求中解脱出来。

索琦塔和我借鉴了这些人的智慧。在几年的时间里，我们每周都邀请一到两名客人到我们位于皇后区的小公寓共进晚餐。到了纽黑文之后，我们有了一个稍大一些的住处，就可以邀请更多的客人。我们在旧货商店搜集了足够的碗碟、酒杯、分菜餐盘、分菜勺等——举行12人以上晚餐会所需的用具。

在第一个学期的第一周，我给系里的所有同学发了一封邀请信，召集有兴趣的人在周五晚上与我们共进晚餐。那天晚上，我和索琦塔烹制了满满一桌的菜。根据我的回忆，大约有18个人参加了我们的晚宴，其中大多数是素不相识的人。餐桌旁坐不下，我们便席地而坐。每个人都想结交新朋友。

这一招看起来虽然立竿见影，但在接下来的六周，我发现了一个问题。晚餐的新奇劲一旦减弱，来赴会的人数便大幅降低。耶鲁大学周五晚上的活动非常多，我们的家庭环境并没有那么令人兴奋。没过多久，我连能否凑齐10个甚至4个客人都无法确定了。我一直算不好该做多少菜，也不知道那些自行前来的客人何时到场。但无论怎样，我都要花整整五个小时为晚餐采购原料和烹饪菜品。

我开始要求客人们提前预约，好让我知道大概的数量。有的时候，朋友们告知我他们会来参加晚餐会，于是我便花几个小时做饭，但他们却在即将开餐的时候突然选择了更好的晚间活动。这样的情况，着实令人感到失望。当你知道免费的晚餐在下一周仍然会继续，取消这一周的预定就很随意。在经历了多次临时取消之后，我开始对自己的价值产生怀疑。我投入了时间，在菜品上花费了金钱，并向如此多的人发出邀请，却面临着被其中绝大多数人一次次婉拒的风险，真不知道自己的付出是否值得。如此频繁地发出邀请，绝大多数人却一次也不肯赏光，真不知道有多少人会觉得我是个失败者。这简直是吃力不讨好。

到了第二学期的某个阶段，提前预约、临时取消、赶着让别人填补取消的位置，这套流程变得太过繁冗。我打造了一个在线预约系统，这样一来，我就不用对每次预约或取消都亲自回复了。在那一周，有两个朋友告诉我，在线登记的系统太过"制度化"，他们不想再接受邀请参加晚餐会了。很显然，他们更喜欢那套我负责采购、烹饪、主持以及亲自记录每一次预约和取消的体系。

即便如此，参加的人数还是不断增长起来，我们的小型系列晚餐活动也逐渐积聚了一点名气。最后，一些多次参加晚餐会的朋友甚至清楚了我们的餐具放在哪里以及如何布置餐桌。当然了，他们也会在餐后帮助我们收拾打扫。这些人是我们的常客，也为我们提供了很多帮助。等到第三年开始的时候，我知道我们不能再按照刚开始的模式继续下去了。每周五晚上为12~14位客人准备四道菜的晚宴，不仅让我们心力交瘁，也占用了我们生活中的大块时间。在刚开始的两年里，每一顿饭都是我和索琦塔采购和烹制的。如果想继续下去，就必须要有人帮助我们。

为了将正处于蓬勃发展之中的系列晚餐会活动继续下去，一个秋日晴朗的下午，我们邀请晚餐会的常客聚集在耶鲁大学神学院的休息室，一起设计一套全新的体系。与我们一样，这些人深深热爱着晚餐会创造出来的友谊和社群。我们决定，每个学期，每个人都要作为晚餐负责人准备两顿晚餐，并为自己负责的晚餐召集所需的志愿者。一定的时间之后，志愿者们将会成长为晚餐负责人。随着新的领导者将自己的文化背景和新鲜的激情带入活动，这些晚餐会也逐渐越办越好。很多负责人都烹制了传家菜品，在晚餐时与大家分享。有两次，晚餐负责人甚至将远方的母亲接来，帮助烹制家常菜和主持晚餐。

我们居住的地方离耶鲁大学在市中心的校园大约有一英里（约 1.6 公里）远。想要参加晚餐会，本科学生要花半小时步行到我家，或搭乘学校的班车。这两种方法，往返都要花费大概一个小时。即便如此，我们一半的客人竟然都是耶鲁大学的本科生！这让我感觉很吃惊，因为耶鲁大学的本科生至少有 12 间食堂，每天晚上都会供应有机沙拉、新鲜制作的甜品以及砖炉烧制的比萨。他们每顿饭都可以使用预先付费的餐卡，我不知道他们为什么会在周五的晚上花这么多的时间和我们一起度过。

一天，我们的一位叫考特尼的负责人告诉我，有一次，她在校园里打电话商谈我们晚餐会的事宜。挂断电话的时候，一位耶鲁大学的学生走到她面前，带着发现了秘密一般的激情问她是不是要参加"展望街晚餐会"。这位学生想知道她是如何得到邀请的。这件事引得我们大笑起来。那天，我明白了我们实际上已经创造了刘易斯所断言的东西。在两年的时间里，我们创造了在外界看来像是耶鲁内圈的一个群体，但实际上，我们的意图是邀请所有希望加入我们的人坐下来共进晚餐。

我意识到，在耶鲁的本科生和研究生社交圈中，几乎不存在大家能够受邀一起共处 3~5 个小时、共享晚餐、不带任何功利心认识彼此的机会。教职员工以及学生能够与学院之外的人共享深层对话的场所，亦是少之又少。在我们的晚餐会上，受邀的人不仅包括来自学校之外的朋友，甚至还有那些自行发现我们活动的陌生人。

　　我还意识到，主持一场包含四道菜的晚餐宴并无收费、无隐含条件地邀请陌生人参加，这样的做法让许多人觉得匪夷所思。有一年秋天，我从一位研究生那里接到一通电话，她问我，我们举办晚餐会的具体地点在哪里。我感到很奇怪，因为地点在注册网址上已有显示。最终我才明白，她并不相信我们是单纯为了培养友谊而在自家举办晚餐会。她坚信，这是一场挂羊头卖狗肉的动员活动，想要知道主持活动的组织是哪一家。直到挂电话的时候，她的怒气还没有消解，因为我一直不肯透露谁才是这场戏的"幕后推手"。

　　不到三年的时间，我和索琦塔在校园里几乎处处都能碰到认出我们是系列晚餐会主持人的人。毋庸赘言，这些晚餐会成了建立我们最为珍贵的友情的基础。在晚餐桌上建立起来的友情，也确实能够为客人们的人生带来了改变。

　　一天晚上，一位我们暂且称她詹尼斯的本科生碰到了我的朋友埃里克和简，这两人都准备担任圣公会牧师。听到他们的对话我才知道，原来，与埃里克和简的互动是詹尼斯第一次与自由社会正义的基督徒进行语言上的交流。通过认识埃里克和简，她发现基督徒的世界要比她想象的友善和包容得多。当天晚上的谈话，让她开始向自己的保守基督徒父母承认自己是一名同性恋者，也让她着手成立了耶鲁三百年历史上第一个本科生LGBTQ①社交团体。

───────────

　　① LGBTQ是女同性恋者（Lesbians）、男同性恋者（Gays）、双性恋者（Bisexuals）与跨性别者（Transgender）及酷儿（Qùeer）的英文首字母。在现代用语中，"LGBT"一词十分重视性倾向与性别认同文化多样性，除了狭义地指同性恋、双性恋或跨性别族群，也可广泛代表所有非异性恋者。Q是另一些人所添加。——编者注

大约一半的时间，我们的晚餐会都由本科生来主持。他们中的大多数人都没有为 14 名不同身份的客人准备晚餐派对的经验。几乎所有人都高估了自己的厨艺和速度，虽然我们努力维持着高标准，但差点儿搞砸的情况也时有发生。记得有位学生只准备了一半的菜品，手忙脚乱地在堆满食材和未清洗的碗碟的厨房里想把剩下的菜做出来。就在那个时刻，我灵光一闪。在为这位学生准备下一道菜进行打扫收拾时，我意识到，我们所做的事情，远远不只是分享菜肴和提供联络友谊的空间。我们所做的，也是在培养下一代人成为优秀的主办人。我意识到，许多来赴会的朋友不只是想要体验餐会，也是来学习如何举办餐会的。

到了第四年的时候，我们的朋友阿尔詹同意担任协调餐会负责人，从而让我不必再负责计划日期或制定客人名单和志愿者勤务表。他在这项工作上比我得力得多。翌年，山姆接管了协调工作，进一步完善了我们的体系。我们的晚餐会为数百宾客提供服务，流程却愈发顺畅，也有了更多聪明而忠实的人帮我们一起进行打磨和完善。

离开耶鲁之后，我仍会听到这些晚餐会改变客人生活的故事。一位在谷歌担任要职的朋友告诉我，虽然他只参加了两次晚餐会，但这两次经历却成为他在耶鲁体验中的亮点。另一位朋友告诉我，他在生命中热爱的所有事情都是因为与我们结缘而来的（真不敢相信！）。他在我们的家里以及社群中结交的友谊，打开了他现有生活的大门，也让他结识了现在的妻子。莉迪亚告诉我们，她之所以不假思索地与现在的老公恋爱，就是因为她在我们的晚餐会上对他有了了解。

在我们离开耶鲁的时候，系列晚餐会也随之落幕，但是，身处全球各地的我们的友谊仍然继续，一些成员还在自己的新住地进行聚会。祝友谊地久天长！

晚餐会计划问题清单示例

我们的社群的名字是什么，有怎样的简介？

展望街晚餐会（或耶鲁周五夜间烛光晚餐会）。我们是一群热爱烹饪和不受打扰地分享悠长晚餐的人，我们想要培养新友谊、加深老友谊。

社群中的现任成员是谁？

住在纽黑文或周边地区的人。绝大多数人都在耶鲁工作或学习，但也有人例外。

我们的社群中缺少哪些理想的人才？

在纽黑文和周边地区，有很多我们希望纳入社群的人，其中包括那些重视通过共进晚餐和谈话来搭建友谊的人。这些人或许孤单，或许只是想找到其他追求深厚友谊的人。他们理解与他人共同建立特殊而彼此尊敬的友情空间的价值所在。

哪些人不应该在我们的社群中？

　　那些宁愿将周五晚上拿去喝个烂醉、娱乐一下、给人留下深刻印象或逃避媒体的人。那些将蹭免费晚餐当成重中之重的人。那些觉得在晚餐会上展示厨艺要比建立友情更重要的人。那些扰乱活动初衷的人。那些在陌生人家里制造不安定因素或表现出不敬言行的人。

价值观

我们的社群的核心价值观是什么？

　　通过创造以下这些东西，我们的生活会更加丰富多彩：

　　深厚的友谊；

　　真诚而细心地对理念进行讨论；

　　打造一个受到保护的特殊场所来欢迎他人；

　　邀请陌生人来认识我们以及认识彼此。

我们该如何确定这些理念就是社群的价值观呢？

　　深厚的友谊：我们彼此聆听，支持彼此面对挑战和达成目标；

　　诚挚的对话：我们每周都会腾出三到四个小时进行对话交流；

　　特殊的欢迎场所：我们每周都会安排一个特殊的场合，欢迎陌生人加入我们；

邀请陌生人：我们为想参与的陌生人打开大门。我们鼓励参与者邀请任何他们希望邀请的客人。

其他人（现任成员以及有兴趣加入的人）该如何获知这些理念是我们的价值观？

他们可以看到，我们创造的活动是符合上述价值观的。他们可以看到，我们在邀请别人加入时会明确提及社群的价值观。每次晚餐开始的时候，我们都会提到这些价值观。

定位

我们的社群让成员对我们（生活中的方方面面）有什么认识？

我们是一群渴望沟通交流的人。我们是一群通过提供友谊而赋能他人生活的人。我们大方发出邀请，也慷慨贡献自己的时间。

我们的社群指导成员（在各种情况下）采取什么样的行动？

花时间和陌生人共处。与他人进行长时间且不受干扰的谈话。搭建新的友谊，赋能彼此的人生。

我们的社群指导成员（对万事万物）拥有什么样的信仰？

欢迎他人以及为他人举行活动，不仅意义重大，也是慷慨之举。

与陌生人会面和共处不仅有趣也有意义。晚餐派对本身远远没有在这些派对上建立起来的友谊意义深远。友谊让我们以及朋友的生活变得更有趣也更有影响力。

信仰

想参与社群活动，正式成员必须要有什么样的信仰？

与大家分享食物是搭建和巩固人脉的一个强有力的工具。

合作主持晚餐会意义非凡。

长时间耐心的谈话既意义重大又能丰富人们的生活。

与陌生人见面，彼此聆听分享，这不仅有意义，也让人受益匪浅。

道德规范

我们的社群中的哪些道德规范与世界上其他人（至少一个人）的道德规范有所区别？

邀请陌生人很重要。

给予所有客人一个平等的分享表达的机遇很重要。

讨论有意义的话题很重要。

在营造关系的时候，展现脆弱之心很重要。

通过按时到场的方式来表达对主办人的尊敬很重要。

我们捍卫哪些事情，保护哪些人？

我们捍卫举行仪式的场所和用于建立友情的时间。

我们捍卫社群空间中人们的希望、梦想以及潜能。

我们保护那些为制作晚宴和筹划欢迎活动而辛苦付出的人。

什么样的行为是禁止的？

在不告知的情况下预定后又不到场。

在晚餐会上攻击他人。

承诺带来某件东西或提供某项服务，却口惠而实不至。

吃完饭就走人，不参与谈话。

我们共享的东西是什么（知识、物品、渠道）？

食物、时间、对话、知识、友谊和创建社群方面的经验、举办晚餐派对的技能和经验。

我们与谁共享这些东西？

那些住在纽黑文或周边地区以及来纽黑文参观旅游的、想要与陌生人一起吃晚饭和搭建友谊的人。

谁是我们尤其敬重的人？

那些为了让客人免费享受一顿晚餐会而出资出力的志愿者。

我们如何表达尊敬？

我们会提供帮助，会优先邀请他们参加活动，也会邀请他们参加没有外人出席的私人活动和聚餐。

理解

我们的成员希望不必做自我解释就能让别人理解的东西是什么？

我们在寻找友谊。

我们希望结交朋友。

我们想要慷慨待人。

我们希望通过分享食物的方式来与人分享自己。

我们欢迎他人的加入。

我们希望通过长时间对话才能实现的方式来了解他人。

界线问题清单

社群会在内部人员和外部人员之间构筑起一道界线。

内部人员认证

我们通过正式还是非正式的渠道区分哪些人属于社群、哪些人在社群之外？（即便是自行加入和退出的社群，也有内外人员之分。）

绝大多数成员都是非正式的。但是，那些做过一次以上志愿者，主办过一次晚餐会或为一次晚餐会出过资的人很明显是社群的内部人员。

我们如何知道谁属于社群内部人员？

对于非正式成员来说，参加过三次以上晚餐会并在活动中担任过志愿者的人，都属于社群内部人员。

入社门槛

有权将新成员迎进社群的守门人是谁（包括正式和非正式两种形式）？

所有的晚餐会负责人或统筹者，都是守门人。

新成员如何找到守门人，如何与他们进行沟通？

每次晚餐会都有负责人出席。我们每次都会提到他们并表示感谢。

界线维护

维护界线，以便我们区分内外人员的人是谁？（可以是数人，也可以是一个人；职务可以是正式的，也可以是非正式的。）

索琦塔和我负责界线的维护。系列晚餐会是在我们家举行的，我们可以自由拒绝任何人参与。

有没有人曾被禁止加入或被驱出社群？

有。任何预定却不出席也未跟我们沟通的人都无权再次出席。我们只为那些按约定出席晚餐会的人保留座位。

这是通过什么手段实现的？

我会告诉这些人，他们无权再预定位子了。

我们喜欢用什么样的方法夯实社群界线，保护社群价值观？

任何晚餐会负责人或我本人都有权利通知任何来访者或成员哪些行为是不被允许的，或告知他们从何时起不能再参加晚餐。

故事问题清单

成熟的社群拥有自己的故事，并通过这些故事巩固社群的定位，与新成员分享社群价值观。

创世故事

你希望新成员明白和理解哪些关于社群的故事？

我们想让来访者知道，受C.S.刘易斯的内圈理念影响，我和索琦塔在我们来到纽黑文的第一周便开始举办系列晚餐会。在开始的两年里，每一顿饭都是我们自己烹制的，而这让我俩越来越吃不消。因此，我们开始让志愿者接手负责绝大多数的晚餐。我们欢迎耶鲁大学和纽黑文地区的所有陌生人出席，鼓励大家享受共处的时间。

故事中的人物是谁？

系列晚餐会是由我和索琦塔起头的。莉迪亚、詹姆斯、考特尼以及比约恩都是早期的志愿者。随着晚餐规模的扩大，阿尔詹承担起了统筹所有晚餐的工作。

故事发生于何时？

从 2007 年 8 月开始的。

社群的目标是什么？

通过搭建多元化的友谊丰富大家的生活，并支持大家在余生中实现更有意义的目标。

社群所面对的挑战是什么？

很难找到让人们理解我们初衷的邀请方式，很难预测晚餐的规模，很难召集到足够的志愿者，很难计算出每周要花多少时间准备晚餐。

社群的创造过程让人们有何收获？

我们必须明确告诉大家，友谊要比食物重要许多。

我们不仅是在为大家举办晚餐会，也同样是在教大家如何举办有感染力的晚餐会。

许多人都有孤独感，也渴望能有一段特定的时间进行深刻的交流。

价值观故事

你希望新成员了解哪些关于社群在困难时期坚守核心价值观的故事？

爆炸的百丽耐热玻璃碗

这个故事讲的是，斯科特在晚餐过程中把耐热玻璃碗放在炉子中，碗爆炸了。这件事告诉我们，我们的聚餐用具就是拿来使用的。主持了这么多的活动，把工具弄坏是在所难免的事。活动的体验要比器具重要得多。

肋排之夜

这个故事讲的是，杰克烧制了一桌美国南部风味肋排作为晚餐，给唯一一位吃素的客人上了一道微波加热的蔬菜馅饼。那天晚上的经历告诉我们，出于对每一位客人的尊重，我们需要为每个人提供美味佳肴，还应确保每次餐会都包含丰富的素食菜品。

脆弱的故事

在社群或一部分成员遇到失败时，大家学到了怎样的重要经验？

饺子

一天晚上，由于简和菲尔在晚餐的准备上用时过长，有的人没能吃饱，这让大家感到有些失望。我们从中认识到，我们需要给那些尚在学习如何主办晚餐会的人更多的耐心，也需要花更多的时间帮助他们烹饪计划的菜肴。我们需要投入更多的精力培训和支持主办人，好让他们懂得量力而行。

私人故事

你希望向全体成员讲述哪些成员的私人故事？

在开始的两年里，每一顿晚餐都是由查尔斯和索琦塔烹制的。

詹尼斯认识到能够接受她同性恋者身份的基督教群体是存在的。

詹姆斯和大卫在晚餐会上相识，两人一起去了乌干达，在詹姆斯成立的一个孤儿院里工作。

詹姆斯和莉迪亚在晚餐会上相知相识，后又结为连理。

成员们该如何与别人分享他们的故事？

他们可以通过晚餐会上的交谈来分享，可以在采购食材和准备菜肴的时候分享，也可以在收拾厨房的时候分享。

新成员或来访者该如何获知成员们的故事？

在晚餐的交谈过程中。这段时间是专门留出来让大家天南地北地聊天的。

学习和共享的故事

你能创造出什么样的机遇，让成员们分享自己的故事并聆听对社群有重要意义的故事？

我们可以建立一个博客，让访问者将自己的故事发给我们。

我们也可以在我们的邀请信中加入这些故事的链接。

邀请入社问题清单

社群拥有某种形式的入会仪式，通过仪式让新成员明白自己受到了正式的欢迎。

大家所理解的认证和欢迎入社的正式活动是什么？（无论这活动规模有多小。）

聆听如何通过创建友谊来逃离内圈陷阱的经验。

来访者如何通过认证成为会员？

如果来访者能够作为志愿者为他人举办一场晚餐会，就能受到公开认证。

来访者如何获知成为会员的方法？

我们会鼓励所有的客人与晚餐协调者取得联系或主动当志愿者，如果他们愿意，还可以主办一次晚餐会。

成员们是否希望举行一个更有仪式感的欢迎仪式？

是的。正式批准会员们邀请自己的客人参加晚餐会的做法很有感染力。我们可以使用手工制作的卡片作为邀请函，让成员们发给自己的客人。

入社仪式

你希望入社仪式设在哪里（如果仪式需要在一定地点举行）？

在我们举办晚餐会的地点。

仪式上该有什么样的发言？

向那些致力于打造一个可供大家交流情感的场所的人们致谢。

提醒大家，想要改变这个世界，需要整个社群的努力。我们这些组成社群的成员，正在准备巨变所需的力量和工具。

提醒大家，我们所有的努力，都是为了改变成员以及还不相识的千千万万人接下来的人生。

告诉成员们，他们可以邀请其他人参加晚餐会。

仪式的主持人或出席者是谁？

晚餐会的协调者或创始主办人。

至少一位晚餐负责人。

信物

为表示成员已经是团体一分子，你该送给他们什么样的信物？

我们必须询问成员，他们认为能够作为社群有效标志的东西是什么。

我们得到的一个想法是一双手工制作的筷子，因为筷子代表了大家齐聚一堂共享晚餐。

另一个想法则是一座烛台，代表为迎接他人布置餐桌。

特权

被迎进社群之后，成员们能够获得什么特权？（包括更紧密的联系、尊敬、更多的渠道，以及相互理解。）

成员们可以与其他成员获得更紧密的联系。

成员们可以得到培训，学会如何主办晚餐会、培养大家的感情。

成员们有权邀请任何他们喜欢的人参加晚餐会。

成员有权查看社群的成员联系名单。

成员们可以参与到社群的集体活动中来。

仪式问题清单

成熟社群设有庆祝重要日子和重大事件的仪式。

仪式活动

哪些活动是社群所重视的仪式？（即便是那些没有正式标出的活动也包括在内。一点提示：如果你对活动进行了改动，成员们会有所察觉并感到若有所失。）

晚餐开餐仪式

大家围在桌旁表示对彼此的欢迎

介绍第一次参加的来访者

分享系列晚餐会的历史

介绍刘易斯的内圈理念

告诉大家，晚餐会的目的是为了建立友情

宣布菜品

邀请负责人按自己的语言和传统习俗做一段祷告

在上甜点之前让客人换位置

再次落座，等待享受甜品

端上巧克力、水果以及茶水，让客人们知道他们可以多待一会儿

哪些受到成员重视的活动、转变或重大时刻也受到了社群的重视？

父母、家人或朋友的到访

成功入学、受聘、获得奖学金，等等

身患疾病或学业上遇到了挑战

社群展示仪式

社群成员该在何时通过何种途径展现自己在社群中的参与，以便与社群中的其他成员见面？

晚餐本身就是集体参与的表现。

安排菜谱、采购食材、准备菜品都是在私下完成的。

玩乐仪式

社群成员何时能够一起玩乐？（体育活动以及庆典都包括在内。）

晚餐本身就算一种娱乐。我们还有音乐会、馅饼制作会、家庭聚会等私人活动供成员们聚集在一起共同庆祝。

各种仪式的模式

你的成员们喜欢一起进行什么样的特殊活动？（辟谷、运动、静思、歌唱或者祝酒都可以。）

烹饪

享受美食

周日午餐会

有哪些传统是你想要继续保持的？（如果有的话）

晚餐开餐仪式对于保持活动的严肃性及提醒大家活动的目的非常重要。

这些活动中最好有谁出席?

晚餐负责人

志愿者

新客人

活动最好由谁主持?

由晚餐负责人来主持当晚餐会

活动上最好有什么样的发言?

欢迎词

分享系列晚餐会的传统

介绍刘易斯的内圈理念

告诉大家,晚餐会的目的是为了建立友情

各种仪式的信物

你想传递或留下什么样的信物作为回忆?

我们现在所提供的，只有美好的回忆以及未来的邀请。我们可以送给客人和成员们一件可以带回家的信物，从而加深他们的体验。这件信物可以是一对手工制作的筷子，或一条马耳他狗狗吊坠。马耳他狗有很深的寓意，因为每一次餐会都少不了我们的马耳他狗的参与，它在没有养宠物的大学生中很受欢迎。另外，我们的每次晚餐邀请信中都会提到它。

"神殿"问题清单

成熟的社群设有一个特殊的场所，供成员集会和举行仪式。这些仪式可以包括玩乐仪式或庆典。

成员们在哪里集会举行仪式（包括玩乐仪式）？

在我们位于展望街的家里。

社群最重要的场所在哪里？

我们位于展望街的家。

在社群成员齐聚一堂的时候，通过什么方式让场所变得特别起来？

我们会进行打扫，把垃圾扔出去。

我们严格按照预约的客人数布置餐桌。

我们会为每位客人点起至少一根蜡烛。

我们会准备一顿至少包括四道菜的晚餐。

我们会将屋里的灯光调暗。

神圣空间

除了主要场所之外，社群还有哪些特别的场所？

我想不出还有哪些。

这些场所会在何时变得特殊起来？（比如说，这些场所是永远都很特别，还是一年里只有一次，又或者按照其他的频率？）

至少一周一次。有的时候，我们也会临时决定举行餐会或甜品会。我们也会在这里庆祝生日、成功或纪念失败。

你如何表明这个场所的特殊性？（在特殊的时间将人们邀请到这个场所就是一种方法。）

我们会先发出邀请信

然后打扫房间

并在这里准备新鲜的食物

符号问题清单

你的社群最重要的符号是什么？

> 大家围在桌旁并整齐地坐下
>
> 桌上的蜡烛
>
> 摆好的餐桌
>
> 我们的马耳他狗"星期五"
>
> 拖鞋（在每位客人到来时提供）

这些符号代表了什么？（每个符号都有几层含义。）

> 大家围在桌旁并整齐地坐下：耐心和专注于当下
>
> 欢迎
>
> 慷慨
>
> 玩乐
>
> 准备
>
> 神圣的聚会

谁会使用这些符号？使用的途径是什么？

> 所有的物品都会用于布置活动空间。

　　我们的宠物狗的名字会出现在每封邀请信中，所有来的客人都可以抱抱它。

这些符号是如何形成的？

　　几年来，我们一直使用这些符号。

　　这些符号是我们的系列晚餐会独有的元素。

什么信物可供成员作为纪念品保留？

　　成员们可以用手工制作的卡片来邀请他人。

　　蜡烛

　　特有的分菜碗或其他将来可以用到的餐具

其中包含着什么样的意义？

　　成员身份及仪式都受到社群重视

　　慷慨

　　欢迎

　　玩乐

内圈问题清单

你的社群的内圈叫什么名字？圈中人具有什么样的特权？（不要创造没有意义的内圈。）

来访者：来参加晚餐会的客人。

新人：来参加晚餐会的客人。

成员：明白如何筹办系列晚餐会以及如何邀请客人的志愿者。

资深成员：选择菜谱和志愿者，以及在邀请客人上拥有优先权的晚餐负责人。

长老：有权否决菜谱以及可以将使用晚餐会场所的权力交予任何人的协调者。

首席长老：维护界线、打造仪式、选择优先事项、有权否决菜谱的创始主办者。

成员们如何进入这些内圈？

他们可以向晚餐负责人、协调者或主办者表达希望加入的意愿。

成员们如何才能找到通往内圈的途径？

可以由协调者或主办者告知。

资深成员该如何表现出对其他人的关爱？

资深成员不仅在意自己享受活动，也在意是否每个人都从中得到快乐。为了达到这个效果，他们愿意采取一切所需的措施。

执事圈问题清单

执事圈在以下这些领域中拥有权威：保护界线、主持仪式、社群价值观教育。

谁代表着你们社群的执事圈？（他们的头衔或许和执事圈并不沾边，又或者根本就没有头衔。）

查尔斯和索琦塔

山姆

阿尔詹

成员们如何了解执事圈的组成？

查尔斯和索琦塔是主办者

山姆和阿尔詹被人们视作注册网站和活动的协调者

其他人如何加入执事圈？

他们可以多多参与，直到有足够的信誉来挑起活动的大梁。

如果他们主动要求承担更多的职责，执事圈里的任何人都可以给他们布置更多的任务。

如何知道哪些人的贡献要比其他人的贡献更受重视？

查尔斯和索琦塔在自己的家中主持活动。他们可以选择接纳还是拒绝某些行为。

深入思考：引领社群发展问题清单

成熟的社群能够指导社群成员在他们希望取得成绩的领域获得成功（结交提供支持的朋友也算）。

你的成员们想要在哪些领域获得成功？（比如说创造出稳定、深厚而心心相印的友谊，或学到一门技术。）

建立深厚的友谊

举办有意义的晚餐派对

学习主持晚餐的礼仪

成员们正在通过正式或非正式的途径学习什么外部技能？（比如如何成为一位乐于助人的邻居，如何为新朋友提供支持，如何打造安全的居住环境。)

> 烹饪
>
> 布置餐桌
>
> 计划时间
>
> 烧茶

成员们的学习方法是什么？

> 在经验更为丰富的成员身边进行学习
>
> 实验试错
>
> 阅读社群提供的网上资讯

他们在心理和情感健康这些内心领域获取了怎样的经验？

> 与提供食物相比，主办晚餐的重点在于欢迎客人和建立自尊心。
>
> 制作一道特殊的菜肴，不仅需要时间，也需要耐心。
>
> 想要打造一个别人愿意进入的场所，保护个人的尊严至关重要。

成员们如何才能理解，社群中的有些事情与外人所认识的不同？

> 晚餐派对的成功，并不是因为食物、装饰或者邀请信制作得精美

甚或价格高昂。其之所以成功，是因为主办人创设了一个人人都有容身之处的空间，并为活动专门打造了特殊的场所。

晚餐派对之所以有意义，是因为主办人表达了建立友谊的意图，并允许大家讨论有意义的话题，分享自己的恐惧、爱以及希望。

| 致 谢 |

在这段冒险之旅中，许多人对我进行了倾力支持，能有他们在我身边，我感到既谦卑又充满了勇气和灵感。孙戴、贝蒂·张、比约恩·孔利、加布里尔·格兰特、杰森·哈尔普、克特·约翰逊、艾米莉·勒华达、罗丝·安·摩尔、埃里克·吴、麦克·欧莫里、索琦塔·博夫、艾伦·普莱斯、斯考特·谢尔曼，以及常在我写作时坐在我身边的狗狗"星期五"。你们改变了我的世界，对此，我铭感在心。

许多人在本书的创作过程中慷慨贡献了自己的时间和经验：帕特里夏·亚雷汉德罗、梅丽莎·艾伦、菲利普·阿曼德、苏亚戴斯喇嘛、朱迪斯·杜普利、阿米特·加尔格、马库斯·格拉汉姆、乔尔·格兰特、洛丽塔·杰克逊、格伦·利比、凯文·林、伊丽莎白·马尔士满、斯图·麦克拉伦、麦克·迷尼厄姆、利兹·摩根、萨拉·纽恩斯、纳萨娜·沙尔曼、阿拉斯泰尔·王、布鲁斯·全、詹姆斯·福格尔、凯蒂·沃伦斯、亚当·华海特、本·万戈登、瑞贝卡·维科斯勒、乔系·怀纳。感谢四十大街咖啡厅里热心的各位让我带着电脑在那里"扎营"，在我需要有地可去的时候，你们真是帮了我大忙。

也要感谢那些与我分享了自己的经验却希望自己的身份保密的人们。

请接受我发自内心的感谢。

　　查尔斯·沃格是一位作家兼执行顾问。他与科技、财经、传媒、政府以及社会改革机构的领导者共事，致力于引领有意义的变革。他的工作包括帮助激励他人建立坚固而重要的人际关系。他从灵修传统中汲取灵感，以理解人们如何建立忠诚关系，巩固自我认知，实践共同的价值观。他所用到的这些原则，在世俗以及灵修领域的领导方面都有用武之地。他坚信，每位有影响力的领导者的社群，都是以利益相关者以及关键人脉关系为基础建立起来的。领导者一旦明白了如何营造鲜活而团结的社群，就能打造出有效而适应力强的人际关系。这些人际关系会在最需要的时候派上用场，并显示出巨大的力量。

　　24 岁时，查尔斯在加利福尼亚圣安娜一家激进派流浪者之家担任全职志愿者，在那里，他第一次接触建立社群的相关知识。他在那里看到，面对几乎令人无力招架的需求，激进主义者们做着吃力不讨好而令人作呕的工作。只有以社群的形式团结起来，他们才能将服务继续下去。在此之后，他又成为美国和平护卫队的志愿者，在赞比亚致力于农村医疗保健普及以及人权领域的工作。在努力做出贡献的过程中，他常常感到筋疲力尽且不知所措，却收效甚微。

之后，查尔斯·沃格来到纽约，成为一名挣扎求生的纪录片电影人。在那里，新的导师让他理解了创建改变社会的社群的重要性以及背后的哲学。由此，他的作品和团队第一次在国际上获得了成功。在工作上经历了不公待遇之后，他作为志愿者将纽约餐饮业的劳动力组织在一起，这个过程对他的历练起到了至关重要的作用。这项运动让美国的劳工法从整体上发生了改变，使之赋予受到不平等待遇的酒店工作人员以权利。接下来，他又赴耶鲁大学研究政治和社会运动的领导者，并对灵修传统进行学习。他是耶鲁大学领导力学院以及管理学院的客座教授，并与斯考特·谢尔曼博士共同讲授耶鲁大学历史上第一门社会创业课程。

查尔斯是南加州大学安南堡学院的理学学士，并在耶鲁大学学习伦理、宗教、哲学以及商业，他还摘得了神学硕士学位。另外，他还是一名杰西·保尔·杜邦基金会学者。他与夫人索琦塔·博夫以及一只救助收养的马耳他狗居住在美丽的加州奥克兰。另外，他还曾在一年的时间里经历了一次飞机失事、一次射毒眼镜蛇的攻击，以及一次严重的疟疾，并得以死里逃生。

在绝大多数的周末，他喜欢为朋友们制作一顿热乎乎的饭菜，并与大家其乐融融地共享美食。

大家可以在 Charlesvogl.com 上联系到他。